国家出版基金项目
NATIONAL PUBLICATION FOUNDATION

大党治贫

脱贫攻坚中的党建力量

黄承伟　郑　寰　李海金　翟　健 / 著

SPM

南方出版传媒

广东人民出版社

· 广州 ·

图书在版编目（CIP）数据

大党治贫：脱贫攻坚中的党建力量／黄承伟等著. —广州：广东人民出版社，2021. 10

ISBN 978-7-218-14772-7

Ⅰ. ①大… Ⅱ. ①黄… Ⅲ. ①扶贫—工作经验—中国 ②中国共产党—基层组织—党的建设—研究 Ⅳ. ①F126②D267

中国版本图书馆 CIP 数据核字（2020）第 250497 号

DADANG ZHIPIN——TUOPIN GONGJIAN ZHONG DE DANGJIAN LILIANG

大党治贫——脱贫攻坚中的党建力量

黄承伟　郑寰　李海金　翟健　著　　　　　　版权所有　翻印必究

出 版 人：肖风华

选题策划：钟永宁
出版统筹：卢雪华
责任编辑：曾玉寒　廖智聪　伍茗欣
责任校对：梁敏岚
封面设计：闽江文化
版式设计：@静坐等水
责任技编：吴彦斌　周星奎

出版发行：广东人民出版社
地　　址：广州市海珠区新港西路 204 号 2 号楼（邮政编码：510300）
电　　话：（020）85716809（总编室）
传　　真：（020）85716872
网　　址：http://www.gdpph.com
印　　刷：恒美印务（广州）有限公司
开　　本：787mm×1092mm　1/16
印　　张：13　字　　数：200 千
版　　次：2021 年 10 月第 1 版
印　　次：2021 年 10 月第 1 次印刷
定　　价：58.00 元

序 言

PREFACE

消除贫困自古就是人类梦寐以求的理想。18世纪以来，特别是第二次世界大战结束以来，就总体而言，全球经济社会发展取得较大进步。但是由于殖民主义、宗教、政治制度、资本主义和工业化、市场化与货币化、经济危机等因素，贫困问题依然复杂尖锐。2020年，全球处于饥饿状态和营养不良的人数至少8亿人，超过11%的世界人口生活在极端贫困中。消除贫困是全世界实现可持续发展的必然要求，更是广大发展中国家面临的重要任务。

贫困不只意味着饥饿、疾病、住无所居，不只意味着就业无力、求学无门、受困无助；而且，公共服务缺失、受社会歧视排斥、权力遭到剥夺限制、对未来充满忧虑、生命面临威胁等同样是贫困的表现。消除贫困、改善民生、逐步实现共同富裕，既是社会主义的本质要求，也是中国共产党的重要使命。作为百年大党，中国共产党领导全国人民艰苦奋斗，成功走出了一条中国特色减贫道路。在革命战争年代，中国共产党扎根中国农村，通过"组织起来"，为农民翻身解放奠定了制度基础。在夺取全国执政地位后，中国共产党带领人民建设社会主义，开展农村社会主义教育运动，贫苦农民的社会和政治身份得到了改善。改革开放以来，在经济迅速腾飞的背景下，通过不断完善扶贫制度和方式，走出了开发式扶贫的道路。

进入新时代，中国共产党不忘初心，牢记使命。以习近平同志为核心的党中央把脱贫攻坚摆在治国理政的突出位置，明确目标任务和基本方略，作出打赢脱贫攻坚战的决定。习近平总书记就脱贫攻坚提出一系列新思想新观点，作出一系列新决策新部署，形成了思想深邃、内涵丰富、逻辑严密的习近平扶贫重要论述，为打赢脱贫攻坚战提供了根本遵循和科学指引。2012 年以来，中国连续 7 年每年减贫 1000 万人以上，贫困发生率由 10.2% 降至 0.6%。贫困人口从 2012 年年底的 9899 万人减到 2019 年年底的 551 万人，减贫人口总量相当于欧洲一个中等国家人口规模。这么短的时间使这么多人摆脱贫困，成就是举世瞩目的。

习近平总书记指出，我国是世界上减贫人口最多的国家，也是世界上率先完成联合国千年发展目标的国家。中国大规模减贫成效对全球减贫事业贡献率超过 70%。2020 年年底如期完成脱贫攻坚目标，意味着在中华民族发展史上第一次解决绝对贫困问题，意味着我国将比联合国 2030 年可持续发展议程的减贫目标实现提前了 10年。我国扶贫开发取得的伟大成就，为全球减贫事业作出了重大贡献，得到了国际社会广泛赞誉。对于中国扶贫开发成就，国际社会给予高度的肯定和评价。英国《经济学人》杂志评论说，在减贫脱贫方面"中国是个英雄"。联合国开发计划署《联合国千年发展目标报告》曾指出："中国在全球减贫中发挥了核心作用"。这个成就，足以载入人类社会发展史册，也足以向世界证明中国共产党领导的科学性和中国特色社会主义制度的优越性。

中国脱贫攻坚的历史性成就，是在中国共产党的坚强领导下，广大干部群众扎扎实实干出来的，充分彰显了中国共产党的超强治理能力，彰显了中国特色社会主义的制度优势。党领导脱贫攻坚的治理能力，既体现在组织领导、政策创新、社会动员等方面，也体现为脱贫攻坚制度体系不断创新和完善。贫困现象的产生有制度性因素，也有非制度性因素。物质贫困是外在表现，精神贫困是内在根源，资源贫困是重要原因。决战决胜脱贫攻坚，关键是增强各级党组织和领导干部决战决胜的指挥能力、执行能力和工作效率，关键是发挥中国特色社会主义制度"集中力量办大事"的优越性，关键是强化与脱贫攻坚决战要求相适应的投入体系、动员体系、督查体系、考核体系建设，为打赢脱贫攻坚战提供组织保障和制度保障。

中国特色社会主义最本质的特征是中国共产党领导，中国特色社会主义制度的最大优势是中国共产党领导。中国的减贫事业之所以能取得举世瞩目的成就，离不开一个根本：就是把坚持和加强党的领导作为扶贫开发工作的根本保证，充分发挥党总揽全局、协调各方的领导核心作用，落实脱贫攻坚一把手负责制，省市县乡村五级书记一起抓，为脱贫攻坚提供了坚强保证。通过充分发挥中国共产党的政治优势、组织优势、群众优势、作风优势，中国创造了人类发展历史的奇迹。中国共产党的探索，深化了世界对贫困治理规律、社会发展规律、人类发展规律的认识，丰富和发展了马克思主义的反贫困理论。

全面建成小康社会是"两个一百年"奋斗目标的第一个百年奋斗目标，是实现中华民族伟大复兴中国梦的关键一步。脱贫攻坚是全面建成小康社会的底线任务和标志性指标。实现共同富裕的社会理想，不可能做到同步富裕、同等富裕，而是逐步缩小差距，走向共同富裕。脱贫攻坚任务全面完成，为今后迈向更高标准的减贫发展奠定了基础，为开启全面建设社会主义现代化国家奠定了基础，深刻影响着中国特色社会主义现代化发展的未来。

中国处于并且将长期处于社会主义发展初级阶段。现行的贫困标准是以 2010 年不变价农民人均纯收入 2300 元/年为基准的。这一标准的确定主要以解决绝对贫困为目标。按购买力略高于世界银行确定的每天消费支出 1.9 美元的绝对贫困线。但是，根据世界银行 2017 年调整后的贫困标准，确定三条贫困线：1.9 美元、3.1 美元和 5.5 美元，分别是极端贫困标准、中低收入经济体贫困标准和中高收入经济体贫困标准。如果按照每天支出 5.5 美元的中高收入经济体贫困标准（简称 5.5PPP）推算，世界银行 2019 年 10 月 10 日发布的《东亚太平洋地区经济半年报》显示，中国的贫困人口数量，2019 年为 2.238 亿。依此类推，2020 年、2021 年分别是 1.949 亿和 1.669 亿。按这个速度持续下降，预计 2025 年贫困人口下降到 9247 万；直到 2035 年中国基本实现现代化，才可以消灭 5.5PPP 标准下的贫困人口。由此可见，中国全面建成小康社会后，高标准治理贫困的任务依然任重道远。朝着更高的目标治理贫困，最基本的原则依然是更好地发挥好大党治贫的制度优势。

正如习近平总书记指出，脱贫摘帽不是终点，而是新生活、新奋斗的起点。中国精准扶贫的新理论新实践取得的大规模成果，为全球减贫事业提供了范例。但是，这并不表明中国反贫困的终结。中国是世界减贫事业的积极倡导者和有力推动者，将进一步加强扶贫开发领域的交流合作，以共建人类命运共同体为目标，努力建设一个远离贫困、共同繁荣的世界。

本书总结梳理了大党治贫的历史实践逻辑，阐述了习近平党建扶贫论述的形成发展、丰富内涵及时代意义。从理论实践结合的视角，全面总结了中国共产党抓党建促脱贫攻坚的实践，总结评析了 15 个具有典型意义的党建扶贫案例，生动呈现了大党治贫的做法和经验。全书学理解读与典型案例分析有机结合，是一本可供广大基层干部，特别是扶贫干部、党的建设工作者阅读的通俗理论读物。

黄承伟

国家乡村振兴局中国扶贫发展中心主任、研究员

国务院扶贫办—北京大学贫困治理研究中心联合主任

中国农业大学人文发展学院博士生导师

2021 年 9 月

目录
CONTENTS

- 案 例 篇 -

大党
治贫

脱贫攻坚中的党建力量

理 论 篇

第一章

大党治贫的
历史实践逻辑

中华文明历史悠久，中国的济贫历史同样久远。早在先秦时期，中国就有"夫施与贫困者，此世之所谓仁义"的观点和论述。从孔子的富民思想、屈原的"美政"理念，到朱熹的"足食为先"、康有为的大同之道，历代先贤对富民裕民的追求从未停止。无论是"民亦劳止，汔可小康"的美好憧憬，还是"五谷丰登，物阜民康"的热切企望，无论是"安得广厦千万间，大庇天下寒士俱欢颜"的深沉情怀，还是"无处不均匀，无人不饱暖"的政治理想，无数先民对殷实生活的呼唤响彻历史的天空。

然而，自西方工业革命之后，社会贫富差距越来越大。在现代社会的发展过程中，曾经繁荣辉煌的中华文明落后了。中国几千年的个体经济，使得农民陷于持久的穷苦。落后的生产方式，分散的个体生产，已经无法适应社会的进步。在国家积贫积弱，中华民族生死存亡的关键时刻，中国共产党在1921年成立。自此，中国现代化发展的道路焕然一新，开启了摆脱贫困的百年历程。

一、大党治贫的历史逻辑

摆脱贫困，是中国共产党人的初心。自1921年成立以来，中国共产党带领全体中国人民奋发图强，实现了国家和社会的沧桑巨变。中国共产党成立以来的百年史，就是一部强国富民、与贫困作斗争的奋斗史。近代的中国，国家主权四分五裂，社会积贫积弱。由于晚清政府的无能和腐败，曾经辉煌的中华帝国逐步走向了没落，陷入了绝对贫困之中。走向共和之后，中国农民的生活，并未随着晚清帝国的崩溃而得到改善。由于国家政治腐败和低效、世界经济和政治危机、帝国主义国家侵略等原因，导致大量农民破产，广大的贫困人口的生活处于绝境。总体上看，中国近代农民的生活消费水平甚至还不如19

世纪初期。①

当时的中国，是一个落后的农业国，农民约占全国人口的90%。在二十世纪二三十年代，农村经济形势日益恶化，几乎陷入了绝对贫困的状况。贫困人口群体规模之大，影响之深，引起了社会的广泛关注。据统计，在1931年，农民在贫穷线以下的人口众多。若以当时全国人口4.5亿计算，不下2.6亿人，约为全国的60%。② 大范围的贫困问题，加剧了社会矛盾的激化，犯罪、自杀、娼妓、乞丐等问题日益严峻。为了改变生存处境，中国的贫民开展了一系列自发的经济斗争和政治斗争。

为什么会出现贫困？如何解决贫困？中国的知识界进行了一系列争论，各派在如何改革中国社会的面貌，在走什么道路的问题上，提出了不同的观点。争论的中心是中国是不是半殖民地半封建社会，中国革命是不是反帝反封建的民主革命，挽救农村经济破产的办法究竟是发展农业生产力还是改革农村生产关系，用改良主义办法能不能发展农业生产，使中国农村经济免于破产。③

中国共产党等主张革命的政治派别强调，贫困问题的根本原因，主要是地权分配不均，阶级分化、封建剥削以及帝国主义经济侵略。只有通过发动社会革命，才能真正改变中国的贫困。中国共产党在对贫困问题的认识上，深受马克思主义科学理论以及俄国布尔什维克党革命实践的影响，主张采取更加激进主义的方案来根除贫困问题。中国共产党人认为，中国贫困问题的根源来自于帝国主义侵略和封建主义的经济基础，主张采取更加激进的革命行动来推翻地主豪绅们的封

---

① 李伯重：《中国的早期近代经济——1820年代华亭—娄县地区GDP研究》，中华书局2010年版，第255–263页。

② 柯象峰：《中国贫穷人口之估计》，《新社会科学》第1卷第4期（1931年3月），第181页。

③ 陈瀚笙等合编：《解放前的中国农村》（第3辑），中国展望出版社1985年版，第675页。

建剥削。

在救亡图强的历史境遇中，在马克思列宁主义同中国共产主义运动的结合过程中，1921 年中国共产党应运而生。从此，中国人民谋求民族独立、人民解放和国家富强、人民幸福的斗争就有了主心骨，中国人民就从精神上由被动转为主动。1921 年，中国共产党在上海就发布了《告中国的农民》，号召发动农民起来进行阶级斗争。这份宣言用质朴的语言呼喊："可怜的贫穷农民呀！你们要知道我们人类，从娘肚一生出来，都是平等的……世界上没有什么叫做运气的，没有什么叫做天命的，都是少数自私自利的人，做出来的恶制度……共产主义就是要使你们脱出一切的痛苦，使你们享没有享过的福。可怜的贫苦农民呀！你们快起来抢回你们的田地呵！"①

1922 年 7 月，中国共产党在上海召开了第二次全国代表大会，此次大会的宣言鲜明地提出："中国三万万的农民，乃是革命运动中的最大要素。农民因为土地缺乏，人口稠密，天灾流行，战争和土匪的扰乱，军阀的额外征税和剥削，外国商品的压迫，生活程度的增高等原因，以致日趋贫穷和痛苦。"此次会议旗帜鲜明地提出，"如果贫困农民要除去贫困和痛苦的环境，那就非起来革命不可。而且那大量的贫苦农民能和工人握手革命，那时可以保证中国革命的成功。"特别是，毛泽东结合中国的国情指出："任何革命，农民问题都是最重要的。"可以说，中国共产党是为穷人谋幸福的政党。中国共产党的使命，就是要建立一个独立、自由、民主、统一、富强的新中国，彻底告别半殖民地半封建的、分裂的、贫弱的旧中国。摆脱贫困的办法，就是要开展农民运动和农民革命，彻底改变中国半殖民地半封建的社会基础。

中国共产党解决贫困问题，面对的是沉重的历史和社会包袱。要改变贫困群众的人心，把他们组织起来和凝聚起来，是一项艰巨而复

---

① 《共产党》第三期，中国共产党上海发起组出版，1921 年 4 月 7 日。

杂的任务。中国的马克思主义者认识到，要解决贫困问题，不能停留在书斋中坐而论道，而是要回到底层，动员落后的、不识字的乡村农民。中国革命的使命，就是要带领底层农民改造社会，才能改变中华民族落后的命运。

在革命战争时期，中国共产党深刻认识到，要想摆脱贫困：一要坚持党的领导。面对积贫积弱的中国，中国的先进分子认识到，只有先建立一个强有力的政治机构或政党，然后用它的政治力量、组织方法，才能唤醒沉睡的民众，才能改造和重建社会国家和各个领域的制度与组织，克服中国社会的全面危机。只有通过党的领导，带领贫困群众革命，才能从根本上终结贫困问题。以马克思主义为指导建立起来的中国共产党，坚持并发展了马克思、恩格斯、列宁的建党思想，通过一个组织纪律严密的政党，实现了对中国社会的全面再造和整合。在摆脱贫困的探索中，中国共产党充分发挥政治优势和组织优势，形成了群众路线和组织动员参与革命的基本模式，彻底改变了中国社会的面貌。二要把群众的力量组织起来。这是人民群众得到解放的必由之路，是由穷苦变富裕的必由之路。正如毛泽东在著名讲话《组织起来》中指出："在农民群众方面，几千年来都是个体经济，一家一户就是一个生产单位，这种分散的个体生产，就是封建统治的经济基础，而使农民自己陷于永远的穷苦。"[①] 他特别发出号召，要求大家把农民组织起来。中国共产党在人员极少、时间极短的情况下，将千百万农民发动并组织起来，彻底解决了贫困群众和知识分子不结合的难题。

1949 年，中国共产党成功夺取全国政权，建立了中华人民共和国。中国实现了国家独立、民族解放，中国摆脱贫困的历史掀开了新的篇章。1949 年的中国，是当时世界上最贫穷的国家之一。根据联合国亚洲及太平洋经济社会委员会的统计，1949 年中国人均国民收入

---

① 《毛泽东选集》第 3 卷，人民出版社 1991 年版，第 931 页。

27 美元，不到亚洲人均 44 美元的 2/3，不足印度 57 美元的一半。[1]中国是世界上贫困人口数量最多的国家。中国绝对贫困人口的数量占到全球贫困人口数量的 43.1%。在这一时期，中国的农村贫困有几个特点：第一，当时的贫困是普遍性贫困，占全国总人口 80% 以上的乡村人口普遍处于贫困状态，其中 1/3 以上人口处于极端贫困状态。第二，当时的贫困以绝对贫困为主，农民的温饱问题得不到根本解决，农民的整体消费水平一直处于营养不足的阶段。第三，农民的收入和消费水平变化极缓慢，农民人均收入由 1952 年的 62 元增加到 1978 年的 132 元，平均每年增加只有 2 元多。

中国共产党正是在贫困人口数量大、贫困人口受教育程度低、农村基础设施差、基本公共服务几乎空白的条件下，开始了大规模减贫工作。新中国成立以后，中国共产党大刀阔斧地开展制度建设。从改变土地所有制入手，中国共产党在全国范围内深入土地改革，推动农业合作化运动，大规模开展农田水利建设，建立全国普惠性的教育体系和医疗体系，开展大规模扫盲运动，发展合作医疗制度等措施，有效地推进了中国社会的变革。[2] 1950 年，中央人民政府颁布《中华人民共和国土地改革法》，将大约占全国耕地面积 43% 的土地以及地主乡绅的牲畜、大部分的生产和生活资料分配给了无地的贫穷农民。随着土地改革的完成，全国 3 亿农民共分得 7 亿亩土地。[3] 中国的文盲率大幅下降，从 1949 年的 80% 下降到 1978 年的 22%；人均预期寿命和人口健康状况得到大幅改善，从 1960 年的 43.7 岁提高到了 1978 年的 65.9 岁。特别是在新中国成立后，党的基层组织进入到各个领域，

---

① 范小建：《60 年，扶贫开发的攻坚战》，中国改革论坛 2009 年 10 月 19 日。

② 由于缺乏经验，人民公社运动也曾违背生产规律，造成了严重的后果。但在社会主义建设时期，党从分配的角度解决贫富分化问题，塑造了中国社会深厚的平等传统。

③ 李小云、于乐荣、唐丽霞：《新中国成立后 70 年的反贫困历程及减贫机制》，《中国农业经济》2019 年第 10 期。

形成了党的组织网络与社会组织网络的有机统一，以党组织为核心来组织和管理社会的基本治理模式。

改革开放以来，中国共产党人深刻认识到："发展是硬道理"，"贫穷不是社会主义，社会主义要消灭贫穷"。中国特色社会主义是社会主义，而不是别的什么主义。搞社会主义，就必须由马克思主义政党来领导。中国共产党领导下的中国特色的扶贫开发道路，始终重视围绕中心任务，把党的农村基层组织建设和脱贫致富、经济建设结合起来。在实践中，明确党支部要把发动和组织群众深化农村改革，发展商品生产，壮大农村经济，走共同富裕的道路，作为中心任务来抓。改革开放以来，以扶贫开发为标志，消除绝对贫困的实践驶入快车道。

二、大党治贫的实践逻辑

党的十八大以来，以习近平同志为核心的党中央高度重视扶贫开发工作，把脱贫攻坚摆在治国理政的突出位置。习近平总书记亲自谋划、亲自推动、亲自挂帅、亲自督战，带领全党凝心聚力全面打响脱贫攻坚战。在脱贫攻坚的每一个阶段，直指难点、把脉开方；在访贫问苦的每一次考察，拿出民生簿、细算脱贫账；在万家团圆的每一个春节，走进贫困群众家中，嘘寒问暖、送上祝福。"脱贫攻坚是我心里最牵挂的一件大事。""我最牵挂的还是困难群众。"这样质朴的话语，展现了共产党人的为民情怀、责任担当。"抓好扶贫工作，打赢脱贫攻坚战，解决好贫困人口生产生活问题，满足贫困人口追求幸福的基本要求，这是我们的目标，也是我们的庄严承诺，是国内外皆知的庄严承诺。我们一定要如期兑现承诺。"这是中国共产党坚持全心全意为人民服务的根本宗旨，坚持以人民为中心的发展思想，带领全国各族人民持续向贫困宣战的伟大宣言。

（一）社会主义的本质要求：共同富裕

《共产党宣言》指出："无产阶级的运动是绝大多数人的、为绝大多数人谋利益的独立的运动。"在《共产党宣言》看来，资产阶级的贡献在于实现了社会化大生产，却把生产资料集中在少数人手上，形成了生产社会化与生产资料私人占有之间的矛盾。不破解这个矛盾，就不可能真正解放和发展生产力，就不可能消解异化，实现自由。为此，马克思、恩格斯提出，成立共产党，建立社会主义制度，最终实现共产主义。到那时，"生产将以所有的人富裕为目的"，"所有人共同享受大家创造出来的福利"。在这个社会制度里，一方面，克服社会化大生产与生产资料私人占有之间的矛盾，真正解放和发展生产力；另一方面，确保消除异化，实现人的全面发展。可以说，共同富裕，是马克思主义的一个基本目标。

中国共产党自成立以来，始终为创造美好生活、实现共同富裕而奋斗。新中国成立之初，毛泽东就提出了我国发展富强的目标，指出"这个富，是共同的富，这个强，是共同的强，大家都有份"。邓小平多次强调共同富裕，指出"社会主义不是少数人富起来、大多数人穷，不是那个样子。社会主义最大的优越性就是共同富裕，这是体现社会主义本质的一个东西"，"平均主义不是社会主义，两极分化不是社会主义；消灭剥削，消除两极分化，实行按劳分配，逐步实现共同富裕，才是社会主义。"

进入中国特色社会主义新时代，习近平总书记指出，共同富裕是中国特色社会主义的根本原则，实现共同富裕是我们党的重要使命。他还强调，"我们追求的发展是造福人民的发展，我们追求的富裕是全体人民共同富裕"，要"让发展成果更多更公平惠及全体人民，不断促进人的全面发展，朝着实现全体人民共同富裕不断迈进"，"共同富裕路上，一个也不能掉队"。

几十年来，我国在实践中形成了先富带动后富、逐步实现共同富裕的规律性认识。经过长期艰苦奋斗，实现了从贫困到温饱再到总体小康的历史性跨越，忍饥挨饿、缺吃少穿、生活困顿这些几千年来困扰我国人民的问题总体上一去不复返。

但是与此同时，一些二元对立现象开始出现。走在北京、上海、广州、深圳这样的城市，高楼鳞次栉比，新兴产业兴盛蓬勃；而走在一些贫困山区、农村，那里的许多现状，则显得与世界第二大经济体不甚协调，距离共同富裕的目标还有不小距离。

如今，我国社会主要矛盾转化为人民日益增长的美好生活需要和不平衡不充分的发展之间的矛盾。追求共同富裕是满足人民美好生活需要的题中之意和根本要求，而只有如期打赢脱贫攻坚战，整体消除绝对贫困现象，才能为解决不平衡不充分的发展奠定坚实基础，向着全体人民共同富裕的目标更近一步。诚如习近平总书记所说，"实现这个目标需要一个漫长的历史过程。我国正处于并将长期处于社会主义初级阶段，我们不能做超越阶段的事情，但也不是说在逐步实现共同富裕方面就无所作为，而是要根据现有条件把能做的事情尽量做起来，积小胜为大胜"。

（二）中华民族伟大复兴中国梦：历史责任

习近平总书记指出，中国梦是追求幸福的梦。中国梦是中华民族的梦，也是每个中国人的梦。我们的方向就是让每个人获得发展自我和奉献社会的机会，共同享有人生出彩的机会，共同享有梦想成真的机会，保证人民平等参与、平等发展权利，维护社会公平正义，使发展成果更多更公平惠及全体人民，朝着共同富裕方向稳步前进。

中国梦的本质是国家富强、民族振兴、人民幸福，这既深深体现了今天中国人的理想，也深深反映了中国人自古以来不懈追求进步的光荣传统。

国家富强，就是要全面建成小康社会，并在此基础上建设富强民主文明和谐美丽的社会主义现代化强国；民族振兴，就是要使中华民族更加坚强有力地自立于世界民族之林，为人类作出新的更大的贡献；人民幸福，就是要坚持以人民为中心，增进人民福祉，促进人的全面发展，朝着共同富裕方向稳步前进。中国梦把国家的追求、民族的向往、人民的期盼融为一体，成为中华民族团结奋斗的最大公约数和最大同心圆。

中国梦归根到底是人民的梦，必须紧紧依靠人民来实现，必须不断为人民造福。人民是中国梦的主体，是中国梦的创造者和享有者。中国梦的深厚源泉在于人民，根本归宿也在于人民，只有同人民对美好生活的向往结合起来才能取得成功。中国梦是国家的梦、民族的梦，也是每一个中华儿女的梦。"得其大者可以兼其小。"国家好、民族好，大家才会好。中国梦就是要让每个人获得发展自我和奉献社会的机会，共同享有人生出彩的机会，共同享有梦想成真的机会，共同享有同祖国和时代一起成长与进步的机会。

中华民族伟大复兴的中国梦，绝不是轻轻松松、敲锣打鼓就能实现的。今天，我们比历史上任何时期都更接近、更有信心和能力实现中华民族伟大复兴的目标。梦想越近，责任越重，领导全国人民打赢脱贫攻坚战十分关键。

中华民族积蓄的能量太久了，要爆发出来去实现伟大的中国梦。习近平总书记强调，脱贫攻坚战进入决胜的关键阶段，务必一鼓作气、顽强作战，不获全胜决不收兵。实现民族复兴的步伐必将在决胜脱贫攻坚中激越铿锵。全面建成小康社会、打赢脱贫攻坚战，意味着中华民族实现伟大复兴进程中的关键一步，中华民族千百年来存在的绝对贫困问题，将在我们这一代人的手里历史性地得到解决，拥有5000多年文明史的中华民族必将以更加自信豪迈的姿态屹立于世界民族之林。

（三）全面建成小康社会：庄严承诺

全面小康是全体中国人民的小康，不能出现有人掉队。全面建成小康社会、实现第一个百年奋斗目标，农村贫困人口全部脱贫是一个标志性指标。小康不小康，关键看老乡，关键看贫困老乡能不能脱贫。习近平总书记说："全面建成小康社会，是我们对全国人民的庄严承诺，必须实现，而且必须全面实现，没有任何讨价还价的余地。"
"不能到了时候我们说还实现不了，再干几年。也不能到了时候我们一边宣布全面建成了小康社会，另一边还有几千万人生活在扶贫标准线以下。如果是那样，必然会影响人民群众对全面小康社会的满意度和国际社会对全面小康社会的认可度，也必然会影响我们党在人民群众中的威望和我们国家在国际上的形象。我们必须动员全党全国全社会力量，向贫困发起总攻，确保到 2020 年所有贫困地区和贫困人口一道迈入全面小康社会。"

打赢脱贫攻坚战是中国共产党的执政宗旨、政治优势和制度优势的充分彰显。一大批党员干部深入基层发动群众，以精准扶贫新理念，为贫困群众办实事、好事，帮助贫困群众摆脱贫困，改变贫困现状，以实际行动回应群众的基本需求，通过把扶贫同扶志、扶智结合起来，采取宣传引导、政策激励、典型示范、村规民约等多种方式，把群众的积极性主动性调动起来，不断增强贫困群众在参与中的主体感、获得感，促进他们传统观念的改变。这正是全心全意为人民服务根本宗旨的充分体现，必然使党群关系、干群关系更加密切，巩固共产党的执政基础。

打赢脱贫攻坚战成为培养锤炼干部和人才的重要平台。到贫困村和群众一起脱贫攻坚，是培养锻炼干部的重要形式之一。脱贫攻坚各种政策的落实，为人才培养提供了具体支撑。第一书记、驻村干部不仅有事干，而且有条件干事、干成事，这对于年轻干部是非常难得的锻炼机会，对于他们人生观、价值观、世界观的形成无疑是有价值的。把干部锻炼培养和脱贫攻坚结合起来，把真正能干的干部派下去，若干年后，这些干部中就会出现一批对乡村有感情、懂农村、懂农民的国家治理骨干，这是我们党的宝贵财富，是脱贫攻坚的重要价值体现。

打赢脱贫攻坚战是营造良好社会氛围的重要途径。实践证明，脱贫攻坚对整个社会扶贫济困氛围形成、社会主义核心价值观的培育、营造更和谐的发展氛围，都是重要抓手和载体。东西部扶贫协作，东部地区在支持西部地区减贫发展的同时，拓展了自身发展空间，彰显了社会主义实现共同富裕的价值取向。中央国家机关单位定点扶贫，不仅为定点帮扶县带来资金项目、新理念新思路、新技术和新市场，而且定点扶贫成为中央国家企事业单位干部了解农村、密切干群关系、培养锻炼干部的重要平台和渠道。广泛动员民营经济、社会组织、公民个人参与脱贫攻坚，激发了人们内心深处扶贫济困的情感，在帮扶中促进了社会和谐发展。

打赢脱贫攻坚战是我国发展必须完成的底线任务。全面建成小康社会目标如期实现，关键在于脱贫攻坚战如期打赢。没有农村贫困人口全部脱贫，就没有全面建成小康社会，这个底线任务不能打任何折扣，我们党向人民作出的承诺不能打任何折扣。如期完成脱贫任务是全面建成小康社会的刚性目标、底线目标。只有脱贫攻坚目标如期实现，解决好贫困人口生产生活问题，满足贫困人口追求幸福的基本要求，才能凸显全面小康社会成色，让人民群众满意、国际社会认可。

党的十八大以来脱贫攻坚取得决定性成就。每年减贫人口千万人以上，贫困地区农村居民人均可支配收入与全国农村平均水平的差距进一步缩小。前所未有的大规模、高强度集中投入，促进了贫困地区农村基础条件的明显改善和公共服务水平的明显提升，变化之快、变化之大前所未有。贫困地区特色优势产业迅速发展，旅游扶贫、光伏扶贫、电商扶贫等新业态从无到有、从小到大，快速发展。生态扶贫、易地搬迁扶贫、退耕还林等明显改善了贫困地区生态环境，奠定了实现生态保护和扶贫脱贫有机结合的基础。精准识别、精准帮扶、精准管理、精准退出等精准扶贫精准脱贫基本方略实施，明显提高了贫困地区基层治理能力和管理水平。打赢脱贫攻坚战，不仅在改善贫困人口生产生活条件上着力，更注重提升教育、医疗、文化等方面的公共服务水平，使他们跟上全面小康的步伐。全体人民安居乐业，是社会和谐稳定、国家长治久安的坚实基础。

（四）以民心为最大的政治：执政理念

美籍历史学家龚忠武在《中国向农村的贫穷开战》一文中提到，中国广大的农村是中国社会的基础，从古到今，谁能够解决农民问题，谁就能使中国长治久安。与贫困群众结对子、认亲戚，解决他们的操心事、烦心事、揪心事，党员干部工作作风为之一新，基层党组织战斗堡垒更加坚固。栽下"摇钱树"，走上致富路，一项项惠民政策唤起群众千百万、同心干，一大批贫困群众生产生活条件明显改善、获得感明显提升，人民群众对党的信任和信心不断增强，党长期执政最可靠的基础不断夯实，国家长治久安的根基更加牢固。

脱贫攻坚是一项深得人民拥护的民心工程，关键是走好党的群众路线。群众路线是我们党始终坚持的根本工作方法。党的领导工作的正确方法，就是将群众意见集中起来形成正确的决策，又到群众中宣传解释，将决策化为群众的行动，并在群众实践中检验这些决策是否正确。

在脱贫攻坚战中，中国共产党坚持走群众路线，以"知"为基础、前提，以"行"为重点、关键，以知促行、以行促知，做到知行合一，使群众路线落地稳、扎根深。

解决好"扶持谁"的问题，确保把真正的贫困人口弄清楚。精准识别是精准扶贫、精准脱贫的基础和前提。贫困家底不清，客观上会使很多扶贫项目瞄不准贫困人口。2014年以来，我国通过逐村逐户开展贫困识别，对识别出的贫困村、贫困户建档立卡，达到精准扶贫、精准脱贫的目的。经努力，全国共识别出贫困村12.8万个、贫困户2948万户、贫困人口8962万人，基本摸清了我国贫困人口分布、致贫原因、脱贫需求等信息，建立起全国统一的扶贫信息系统。而且，通过"回头看"和甄别调整，不断提高贫困识别准确率。2015—2016年，全国动员200多万人开展建档立卡"回头看"，新识别纳入贫困人口1656万人，清退1341万识别不准人口。对返贫人口和新发生贫困人口及时纳入帮扶，2016—2018年，纳入帮扶的新发生贫困人口

656 万人，返贫人口 95 万人。建档立卡使我国贫困数据第一次实现了到村到户到人，为实施精准扶贫政策措施、实行最严格考核评估制度和保证脱贫质量打下了坚实基础。

解决好"谁来扶"的问题，全国选派干部开展驻村帮扶，一线扶贫力量明显加强，打通了精准扶贫"最后一公里"。在我国，奋斗在扶贫一线的第一书记和驻村干部在我国共有 300 多万名，每个人都按照"干什么、学什么、缺什么、补什么"原则，经过针对性培训后被选派到 12.8 万个贫困村，实现了驻村工作选派全覆盖。大量的基层扶贫干部为脱贫攻坚作出了重大贡献，他们不仅作风好、工作实，有的甚至付出了鲜血和生命，涌现出一批像李夏、陈立群、黄文秀这样的时代楷模。大批干部在脱贫攻坚战中得到锤炼，党群干群关系不断改善。

解决好"怎么扶"问题，看真贫、扶真贫、真扶贫，因户施策，量身打造扶贫方案。按照精准扶贫思想要求实施"五个一批"工程，发展生产脱贫一批、易地搬迁脱贫一批、生态补偿脱贫一批、发展教育脱贫一批、社会保障兜底一批。此外，还有就业扶贫、健康扶贫、资产收益扶贫、基础设施扶贫、公共服务扶贫等，坚持因地因人制宜，缺什么就补什么，能干什么就干什么，扶到点上扶到根上。

解决好"如何退"问题，设定时间表，实现有序退出，既防止拖延病，又防止急躁症。留出缓冲期，在一定时间内实行摘帽不摘政策。实行严格评估，按照摘帽标准验收。实行逐户销号，做到脱贫到人，脱没脱贫同群众一起算账，要群众认账。退出标准要达到"两不愁三保障"，即不愁吃不愁穿，义务教育、基本医疗、住房安全有保障。同时，在村"两委"组织民主评议后提出，经村"两委"和驻村工作队核实，拟退出贫困户认可，在村内公示无异议后，方可公告退出。

（五）头等大事和第一民生工程：脱贫攻坚

党的十八大以来，习近平总书记从党和国家发展全局的战略高度，把扶贫开发摆到治国理政的突出位置，作为事关全面建成小康社会，实现第一个百年奋斗目标的一项重大战略任务来抓，明确把扶贫开发纳入"五位一体"总体布局和"四个全面"战略布局进行决策部署，把脱贫攻坚作为"十三五"期间头等大事和第一民生工程来抓。

民生连着民心，民心关乎国运。增进民生福祉是发展的根本目的，是我们党坚持立党为公、执政为民的本质要求。习近平总书记指出："让老百姓过上好日子是我们一切工作的出发点和落脚点。"

一方面，脱贫攻坚是共享发展的集中体现和突破口。共享发展是激发人民干事创业活力的现实需要。人民是推动发展的根本力量，只有让人民群众共同享有人生出彩的机会，共同享有梦想成真的机会，人民群众的主人翁精神和创新创造活力才能得到充分激发和释放，国家发展才会有最深厚的力量源泉。共享发展的关键在"共同"，核心在"享有"，基础在"发展"。所谓"共同"，就不是只让部分人过上好日子，而是要着眼全体人民、普惠全体人民，归根结底是把实现全体人民的幸福作为我们一切工作的准绳。所谓"享有"，就是要让人民群众在改革发展中有更多获得感。享有不是抽象的，而是具体的，不是片面的，而是全面的。践行共享发展理念最紧迫、最艰巨的任务就是脱贫攻坚，而打赢脱贫攻坚战，关键是坚持共享的理念、思路和方法，以实实在在的行动完成这项艰巨的任务。

另一方面，脱贫攻坚统揽经济社会发展全局。打赢脱贫攻坚战事关全面建成小康社会，不只是经济上的小康，更是"五位一体"全面进步；不只是一部分人实现小康，更是惠及全体人民的小康，这也是为什么我们党把脱贫攻坚作为全面建成小康社会的底线任务和标志性指标，为什么要打好精准脱贫攻坚战的道理所在；不只是东部小康、城市小康，更是城乡区域共同的小康，脱贫攻坚战着眼的是全面小康全国一盘棋；不是"数字游戏"或"速度游戏"，而是实实在在的目标，要让人民群众拥有更多获得感、幸福感、安全感。

贫困地区以脱贫攻坚统揽经济社会发展全局，呈现出新的发展局面。比如，山西省大宁县是国家深度贫困县，又是限制开发的国家生态建设区。自从 2016 年试点购买式造林（即通过政府规划设计，由造林合作社通过竞价议标，与乡镇签订合同，自主投资投劳造林）工程以来，大宁县男女老少从"分头外出打工"到"组团回家种树"，如今绿色已成为当地百姓脱贫致富的最美底色。大宁县还把购买式造林经验推广到交通、水利等多个领域，在 7 个村开展试点承接造林、水利、交通等工程，投资 2424 万元，增加务工收入 368 万元，带动贫困户 250 户 639 人，人均增收 4357 元，为村集体创收 182 万元。这些年，贫困县 GDP 年均增长幅度高出全国平均水平 2 个多百分点。通过产业扶贫，贫困地区特色优势产业和电商扶贫、光伏扶贫、旅游扶贫等新业态迅速发展，内生动力和发展活力明显增强。通过易地搬迁、生态补偿等扶贫，生态环境得到明显改善。通过基础设施和公共服务设施建设，群众生产生活条件显著改善。

第二章

大党治贫的
指导思想

党的十八大以来，习近平总书记就脱贫攻坚提出一系列新思想新观点，做出一系列新决策新部署，形成习近平扶贫论述，是马克思主义反贫困理论中国化的最新成果，充分体现了中国特色扶贫开发道路的理论创新和实践创新，为脱贫攻坚工作提出了科学指南和根本遵循。其中，习近平总书记对抓党建促脱贫攻坚进行了系统阐述，从党的领导和党的建设全局的政治高度，从党建和脱贫相结合的视角，思考和谋划脱贫攻坚的重大问题，一系列关于抓党建促脱贫攻坚的重要论述，形成了习近平党建扶贫论述，是习近平扶贫论述的重要组成部分，成为大党治贫的指导思想。

一、习近平党建扶贫论述的时代背景

习近平总书记抓党建促脱贫攻坚的理论创新，既来自于现实需要，也是解决我国社会主要矛盾的必然要求。从我国脱贫攻坚的实践看，脱贫攻坚战也面临诸多难啃的硬骨头，没有党的坚强领导和雷霆举措，难以在有限时间打赢"战争"。中国贫困人口大多分布在革命老区、边疆地区、民族地区和集中连片特困地区，基础设施和公共服务水平低，发展条件差。习近平总书记在 2015 年 11 月 27 日至 28 日召开的中央扶贫开发工作会议上强调："当前脱贫攻坚已经到了啃硬骨头、攻坚拔寨的冲刺阶段，所面对的都是贫中之贫、困中之困，采用常规思路和办法、按部就班推进难以完成任务，必须以更大的决心、更明确的思路、更精准的举措、超常规的力度，众志成城实现脱贫攻坚的目标。"因此，不断坚持和加强党的领导，不断把党建设得更加有力，对打赢这场硬仗至关重要。

（一）第一个百年奋斗目标

党的十八大以来，习近平总书记从党和国家发展全局的战略高度，把扶贫开发摆到治国理政的重要位置，作为事关全面建成小康社会，实现第一个百年奋斗目标的一项重大战略任务来抓，明确把扶贫开发纳入"五位一体"总体布局和"四个全面"战略布局进行决策部署，把脱贫攻坚作为"十三五"期间头等大事和第一民生工程来抓。

实现贫困人口如期脱贫，是我们党向全国人民作出的庄严承诺，是一场必须打好的硬仗。打赢脱贫攻坚战要求我们必须把思想和行动统一到习近平总书记系列重要讲话精神和中央重大决策部署上来，充分发挥党的政治优势、组织优势、制度优势和密切联系群众优势，把脱贫攻坚作为最大的政治责任、最大的民生工程、最大的发展机遇，树立鲜明导向，层层压实责任，更加主动把党的领导贯穿到脱贫攻坚的全过程和各方面，为打赢脱贫攻坚战提供坚强的组织保证和制度支撑，从更高的起点谋划和推进改革，着力提升基层党组织的思想认识，全力推动基层抓党建促脱贫攻坚工作落实到位、取得实效。

摆脱贫困是中国共产党人的初心。中国共产党具有使命型政党的特质，它的使命自觉体现在自我定位上，就是对自身使命始终存在一种强烈的自我意识和自我要求。这种使命就是为国家、为民族、为人民的责任。也正是因为中国共产党具有强烈的使命意识，使之能够聚焦于国家和民族的长远利益和整体利益，具有强大愿景。我们中国共产党人从党成立之日起就确立了为天下劳苦人民谋幸福的目标，这就是我们的初心。党的十九大报告中指出："中国共产党人的初心和使命，就是为中国人民谋幸福，为中华民族谋复兴。"党章规定，"中国共产党代表最广大人民的根本利益"。我们党一开始就是为改变穷苦人民命运而带领他们进行革命的，当年打土豪、分田地，开展湖南农民运动、发动秋收起义、上井冈山，都是为了穷苦人民，就是要让广大农民翻身得解放。现在我们党领导广大农民"脱贫困、奔小康"，就是要让广大农民过上好日子。进入新时代，"人民群众对美好生活的向往"成为指引中国共产党继续奋斗的目标。

消除贫困、改善民生、逐步实现共同富裕，是社会主义的本质要求，是我们党"全心全意为人民服务"的根本宗旨决定的。改革开放40多年来，我们深刻认识到："发展是硬道理""贫穷不是社会主义，社会主义要消灭贫穷"。中国特色社会主义是社会主义，而不是别的什么主义。搞社会主义，就必须由马克思主义政党来领导。历史充分证明，没有中国共产党的领导，中国特色社会主义的道路、理论、制度、文化将不复存在，中华民族的伟大复兴、中国繁荣富强和中国人民幸福安康就不能实现。把实现共产主义作为党的最终目标和最高政治责任，把推进中国特色社会主义的繁荣发展、实现中华民族伟大复兴作为现实使命和政治责任，这是中国共产党人区别于其他一切政党和政治力量的根本标志，是党的领导的出发点和落脚点，这一论断提出的最重要的内在机理和含义。失去这一点，就失去了党的领导的本来意义和价值；弱化这一点，就是从根本上对党的领导的弱化。

习近平总书记的足迹遍布了全国最贫困的地区。党的十八大闭幕不久，他就到革命老区河北阜平，进村入户看真贫，提出科学扶贫、内源扶贫等重要思想。在湘西提出精准扶贫理念之后，他到地方调研时候都把扶贫开发作为重要内容，不断丰富精准扶贫的内涵。先后提出"精细化管理、精确化配置、精准化扶持"，以及"六个精准"，实施"五个一批工程"等重要思想，强调要加大力度、加快速度、加紧进度，齐心协力打赢脱贫攻坚战。

从中国长期反贫困实践出发，习近平总书记充分认识到，发挥中国共产党领导的政治优势和组织优势是脱贫攻坚的根本保障。2017年2月21日，中共中央政治局就我国脱贫攻坚形势和更好实施精准扶贫进行第三十九次集体学习。习近平总书记在主持学习时强调："农村贫困人口如期脱贫、贫困县全部摘帽、解决区域性整体贫困，是全面建成小康社会的底线任务，是我们作出的庄严承诺。要强化领导责任，强化资金投入、强化部门协同、强化东西协作、强化社会合力、强化基层活力、强化任务落实，集中力量攻坚克难，更好推进精准扶贫、精准脱贫，确保如期实现脱贫攻坚目标。"

（二）打好脱贫攻坚战的现实考验

从中国脱贫攻坚的实践看，脱贫攻坚战也面临诸多难啃的硬骨头，没有党的坚强领导和雷霆举措，难以在有限时间打赢。当前，我国脱贫攻坚仍然存在不少突出困难和问题，面临的形势依然复杂严峻，贫困人口大多分布在革命老区、边疆地区、民族地区和集中连片特困地区，基础设施和公共服务水平低，发展条件差。习近平总书记强调，当前脱贫攻坚已经到了啃硬骨头、攻坚拔寨的冲刺阶段，所面对的都是贫中之贫、困中之困，采用常规思路和办法、按部就班推进难以完成任务。必须以更大的决心、更明确的思路、更精准的举措、超常规的力度，众志成城实现脱贫攻坚的目标。因此，不断坚持和加强党的领导，不断把党建设得更加有力，对打赢这场硬仗至关重要。

一是脱贫攻坚时间紧、任务重。党中央在脱贫攻坚问题上是下了决心的，中央提出新时期脱贫攻坚的目标，集中到一点，就是到2020年实现"两个确保"：确保农村贫困人口实现脱贫，确保贫困县全部脱贫摘帽。实现这一目标，意味着我国要比世界银行确定的全球消除绝对贫困现象的时间提前10年。这就要求全党务必要把思想和行动统一到中央决策部署上来，统一到实现"两个确保"目标上来，决不能落下一个贫困地区、一个贫困群众。2020年全面建成小康社会是中国共产党人的庄严承诺。习近平总书记强调："到我们党成立一百年时，到新中国成立七十年时，如果还没有解决贫困人口脱贫问题，那党的宗旨怎么体现、我们的承诺怎么兑现呢?"① 所以，抓好脱贫攻坚工作，打好脱贫攻坚战，解决好贫困人口生产生活问题，满足贫困人口追求幸福的基本要求，这是我们的目标，也是我们的庄严承诺，是国内外皆知的庄严承诺。我们一定要如期兑现承诺。②

行百里者半九十。脱贫攻坚犹如打仗，气可鼓而不可泄。必须一鼓作气、马不停蹄向前推进，否则就会半途而废、前功尽弃。但是，

---

① 中共中央党史和文献研究院编：《习近平扶贫论述摘编》，中央文献出版社2018年版，第20页。

② 中共中央党史和文献研究院编：《习近平扶贫论述摘编》，中央文献出版社2018年版，第20页。

从中央巡视组对脱贫攻坚的专项巡视来看，一些地方和单位党组织存在落实党中央脱贫攻坚决策部署不够有力等问题。在履行脱贫攻坚主体责任方面，一些地方和单位党组织存在不够到位等问题。有的省落实脱贫攻坚主体责任不够到位，形成合力不足，脱贫攻坚规划频繁调整，有的市州脱贫攻坚主体责任"降格落实"、层层下卸。

二是脱贫攻坚带来严峻的现实考验。习近平总书记指出，脱贫攻坚战考验着我们的精神状态、干事能力、工作作风，既要运筹帷幄，也要冲锋陷阵。打赢这场时间紧、任务重、难度大的大仗、硬仗、苦仗，必须把党的领导落到关键时，落到关键处。不管多艰难，都不能犹豫、不能退缩，要以背水一战的气概、攻城拔寨的劲头，坚决打好脱贫攻坚战。

从精神状态来看，一些地方、一些部门、一些干部出现过"疲劳症"和厌战情绪，出现过放松一下、减减压力、歇歇脚的想法。2015年底正式打响脱贫攻坚战以来，时间跨度长、工作任务重、社会压力大。对于广大扶贫部门特别是一线扶贫干部而言，长期在这种高负荷、高压力下工作，一部分人难免会出现精神和身体吃不消的情况，进而在工作中产生厌倦、抵触的情绪，甚至出现敷衍、逃避的状态。一些地方出现在驻村帮扶中选人不优、管理不严、作风不实、保障不力等问题。从干事能力来看，有的农村基层党组织带头人素质不高、能力不强，部分农村干部对政策法规不熟悉、工作技能不精通、"本领恐慌"问题日益凸显。一些扶贫干部工作方法不得当、路子不对头，扶来扶去，事情没少干，却没有多少成绩和进展。有的农村基层党支部对党员缺少教育管理，党员责任意识不强，先锋模范作用发挥不明显。有的农村基层党组织促进乡村振兴与脱贫攻坚有机衔接的办法不多，在推进农村改革发展、带领群众脱贫致富等方面能力欠缺。比如，有的地方被指出重痕迹轻实绩倾向仍然存在；有的地方被指出重形式轻实效、作风不扎实等问题仍然存在；有的地方被指出各类督查、检查、考核数量仍然较多；有的地方被指出存在扶贫项目招投标违规问题，一些扶贫项目资金使用不规范；有的地方被指出各类监督检查发现问题的整改落实有差距，有的存在"数字整改"现象。

三是基层治理现代化仍然有差距。总体上看，基层党组织在贯彻党中央决策部署，落实重大任务方面，态度是坚决的，行动是有力的，效果也是明显的。但也有一些基层党组织政治功能弱化，战斗堡垒作用没有充分发挥出来，导致党的决策部署在基层落实不到位，甚至变形走样。一是基层组织力量薄弱，政治功能不够突出。有的农村基层党组织威信下降，甚至出现虚化、弱化、边缘化问题，说话没人听，办事没人跟，没有凝聚起推动脱贫攻坚和乡村振兴的强大合力。一段时间以来，基层党组织把工作重点放在了改进服务作风、提高服务能力、完善服务保障等方面，但服务功能的强化，并没有显著化解脱贫攻坚中的新矛盾。要把党的力量挺在脱贫攻坚的前沿阵地，不仅要增强服务功能，更要突出政治功能，坚持基层党组织在脱贫攻坚中的政治定位不能偏，使脱贫攻坚的过程成为厚植党的执政根基的过程。二是农村干部人才较为匮乏，党员作用发挥不充分。农村青壮年劳动力大量流向城市，农村空心化、空巢化、老龄化较为严重。有的地方农村干部队伍年龄老化、结构不优、青黄不接、后继乏人现象较为明显，培育后备力量力度不够，优秀年轻村干部"难选"。基层干部薪酬偏低，岗位吸引力不大，优秀人才难觅。农村基层干部老龄化的现象比较严重。农村基层干部老龄化严重且文化程度普遍较低，无法适应互联网时代下基层治理变革，无法满足现代化的农村治理需求。三是村级集体经济发展较为薄弱，村集体缺少向心力。村集体"缺资金、缺能人、缺资源、缺模式"问题不同程度存在，村支"两委"在农村集体经济发展中的带动力、创新力、影响力不强。农村集体经济发展不充分，个人与集体缺少利益联结纽带，不少地区村集体经济呈"空壳化"现象，农民缺乏归属感，集体缺少向心力。四是乡村治理能力还需提升，政治生态、社会生态有待优化。一些村级组织自身不硬，全面从严治党抓得不紧，财务管理混乱，民主监督缺位，"小官巨贪"现象时有发生。基层党建工作仍然面临着传统治理思维的挑战，党建引领缺位，群众参与自治主动性不够，村规民约和道德约束力不强，村民自治机制还需完善。农村移风易俗还需加大力度，乡风文明建设亟待加强。五是对农民整体思想教育的缺失。"靠着墙根晒太阳、等着别人送小康""要懒懒到底、政府来兜底"等行为，贫困户"等靠要"思想根源，在于一切向钱看、价值观扭曲、是非美丑界限混淆以及诚信缺失、道德失范等深层次问题。既要反思"一给了之"的传统扶贫方式，导致贫困群众希望被"抱着走"而不愿被"拉着走"，还要反思对农民整体思想教育的缺失，导致了基层普遍面临"法律手段用不上、行政措施难奏效、说服教育不管用"的尴尬局面，因而精神帮扶和物质帮扶并重，重塑新民风、走乡村善治之路刻不容缓。一些群众争当贫困户，脱了贫的又不愿退出，当个人意愿得不到满足时，不满情绪转嫁到了干部身上，有的以举报上访相"威胁"。而非贫困群众认为基层干部天天围着贫困户转，忽视了自己，也有一些不满。而基层党组织在引导群众等方面还存在一些空白。

这些客观存在的问题，都迫切需要理论上的创新，对新时代打赢脱贫攻坚战提供新的认识和指导，为基层党组织回答怎么看，怎么办，怎么干的问题。

二、习近平党建扶贫论述的萌芽实践过程

习近平总书记先后在县、市、省、中央担任领导职务，在各个岗位上始终牵挂着贫困群众，始终关注扶贫工作，不断探索，不断发展，为形成体系化的扶贫论述打下了深厚的实践基础。这些探索，为形成习近平抓党建促脱贫攻坚论述奠定了丰厚的实践基础。总体来看，可分为四个阶段：

20世纪60年代末70年代初，习近平总书记在陕西延川县两家河村插队，在那里入党并担任大队党支部书记，一干就是7年。那时他的主要心思，就是带领乡亲们发展生产，改善生活，梁家河的经历让他立志改变贫困地区面貌，改善贫困群众生活。这个阶段，是习近平抓党建促扶贫思想形成的实践根源。习近平同志曾深情回忆，那时，

中国农村的贫困状况给他留下了刻骨铭心的记忆。他当时和村民们辛苦劳作，目的就是要让生活能够好一些，但这在当年几乎比登天还难。

在下乡当知青时期，习近平多次提交入党志愿书，申请入党。在加入中国共产党以后，他确立了为人民谋幸福的理想信念，也成为他从政道路不变的初心。通过自己的努力，习近平担任了梁家河大队支部书记。在老乡们的口中，习近平是"贫下中农的好书记"。大队党支部书记的经历让他了解了什么是实际，更加深刻认识到农村党建的作用。习近平同志本人就是这样当农村基层党组织书记的。在梁家河插队的习近平，因为为乡亲们办了不少好事、实事，大家一致推选他担任大队（村）支书。村里冬季用煤很不方便，用汽车从附近县拉到公社，再用架子车拉到梁家河村，距离远、成本高。习近平每当想到村民深受拉煤之苦就无法释怀。1974年冬，《人民日报》介绍四川绵阳依靠沼气做饭照明，引起习近平的极大兴趣，经领导同意后，他与同志们到四川实地考察沼气池建造情况。回到村里后，他给乡亲们讲述沼气的好处，同时积极筹备建设沼气池。到1975年，全村一共建成几十口沼气池，基本上解决了全村做饭、照明、烧柴、取暖等问题。"群众需要什么，近平就干什么"，"近平给我治腿病"，"近平教我写名字"，"近平帮我找猪"，"近平帮老汉拉车"……一桩桩一件件关爱群众、服务群众，真心实意解决群众生产生活实际问题的实事，使年轻的习近平深受村民喜爱和拥护。离开梁家河时，全村人都排着队送他，十几个年轻人还步行30公里把他送到县城。

离开梁家河后，习近平先后在河北正定县、福建厦门市、宁德地区、福建省、浙江省、上海市等地担任领导职务。在河北正定工作期间，他走遍全县200多个村子，大力推行家庭联产承包责任制，大刀阔斧改革经济发展模式，带领正定人民一举甩掉了"高产穷县"的帽子。习近平同志十分注重农村基层党组织建设工作，他指出："基层班子建设是搞好农村工作的保证"，要"提高班子的战斗力，使之成为带领群众搞好两个文明建设的坚强堡垒"。

在福建宁德工作时，习近平同志提出了"党对农村的坚强领导，是使得贫困的乡村走向富裕道路的最重要保证"等重要认识。他强调："如果没有一个坚强的、过硬的农村党支部，党的正确路线、方针政策就不能在农村得到具体的落实，就不能把农村党员团结在自己周围，从而就谈不上带领群众壮大农村经济，发展农业生产力，向贫困和落后作战。"① 他反复对基层干部说："农民要想脱贫致富，必须有个好支部；农村奔小康，党组织要真正能站到'前台'，真正能居于'第一线'。……农村党组织，是脱贫第一线的核心力量。经济搞上去了，党员的理想信念、先锋模范作用，都只能强化，不能削弱。"② 他深刻认识到，要加强脱贫第一线的核心力量，充分发挥农村党组织作用，组织开展了向贫困村派驻第一书记等工作。

20 世纪 90 年代在福建省委工作期间，他主抓农村和扶贫开发，他以"脱贫致富奔小康"统揽全省农村工作。他清楚地看到："农村实行家庭联产承包责任制后，相对集中的生产活动、社会活动减少了，但这不是一盘散沙，各干各的，各顾各的。改革以后，更需要一种凝聚力，把大家、把千百户农民吸引到一起，发展商品生产。千百万农民的团结奋斗共同努力是脱贫致富的根本条件。讲凝聚力，必须讲核心，农村脱贫致富的核心就是农村党组织。我们的农村党组织能否发挥这样的核心作用，直接关系到脱贫致富事业的凝聚力的强弱。""多年来积淀的这类问题使摆在我们面前的任务显得格外艰巨，这并不是发几个文件、开几场会、处理一些党员、进行几次党员评议就能奏效的。我们必须通过扎扎实实的工作——明确指导思想，摆好位置，纯洁队伍，改进工作方法——建设好农村党支部，增强党组织的凝聚力，加强脱贫第一线的核心力量。"

在担任浙江省委书记期间，习近平同志特别重视把党建工作和扶

---

① 习近平：《摆脱贫困》，福建人民出版社 2014 年版，第 159 页。

② 参见中央党校教务部、中央党校研究室：《习近平同志地方领导实践》，中央党校出版社 2017 年版。

贫结合起来。浙江是先富起来的地区，但是在农村基层组织建设中却存在一系列短板。在习近平关心下，对村级党组织活动场所进行了摸底排查，调查结果令人震惊：浙江这样的富省，竟然有 8040 个村党组织或多或少存在"无处办公"的问题，比例接近四分之一。在浙江工作期间，习近平同志对农村基层党组织和政权建设进行了一系列探索。

在浙江省委推动下，农村基层党建与精准扶贫紧密结合，进行了一系列制度创新。2003 年，浙江在全国率先部署农村基层组织"先锋工程"建设，通过 5 年努力，使全省 1 万个村党组织和 500 个乡镇党委，成为经济发展健康快速、"五好""六好"成效明显、村镇管理科学规范、精神文明协调共进、农民群众用户满意的基层党组织。2004 年，浙江省推出农村指导员制度，从各级机关挑选一批高素质的党员干部，为每个行政村派驻一位农村工作指导员，切实担当起农村政策宣传、民情民意调研、矛盾纠纷调解、富民强村服务、民主制度监督和组织建设督导的职责。习近平总书记提出，我们党一贯最重视基层建设，这个传统任何时候都不能丢弃，基层建设任何时候都不能放松，基层基础任何时候都不能忽视。他曾多次指出，乡镇一级是我们最基层的政权，真正有远见、有眼光的领导，应该把精兵强将放在乡镇，守土一方。习近平打了一个比喻，他把乡镇比作"阵地"，"基层干部不能光在这里学习学习，'付学费'，不能让阵地'失守'。处理群体性突发事件、抗台防洪等突发性问题，特别需要经验，如果一茬把人都换走了，下回台风来了，还得重新'付学费'。"

在基层干部队伍建设上，习近平作出了一系列创新探索。习近平经常对各地领导干部说："我也是个老基层。我对基层工作非常牵挂。""要注意保护和调动干部的积极性；要深入了解广大基层干部的所思、所盼、所想，对他们的工作要多理解、多支持，对他们的生活要多关心、多帮助。特别是他们在工作中遇到困难和问题时，不要一味责怪，要多鼓劲打气，要加强指导，与他们一起分析原因，寻求解决问题的办法。"在习近平同志的倡议指导下，2005 年 6 月，浙江省委出台《关于认真落实"三真"要求，切实加强基层干部队伍建设的意见》，提出了切实加强对基层干部的培养锻炼、加大对优秀基层干部的选拔力度等十条措施，每一条都言之有物，每一条都解决问题。

回顾习近平同志40多年来的工作经历，可以看到，他特别强调抓好党建促扶贫，强调要把夯实农村基层党组织同脱贫攻坚有机结合起来。在脱贫工作中，始终是从夯实党的执政基础，巩固党的执政大局的政治高度来看待脱贫工作的。

三、习近平党建扶贫论述的丰富内涵

打赢脱贫攻坚战是中国共产党的政治优势和制度优势最集中的表现。经过改革开放40多年的努力，我国扶贫开发取得了伟大成就，为全球减贫事业作出了重大贡献。我国之所以发生了翻天覆地的变化，其中一个关键因素就是坚持中国共产党的全面领导，充分发挥了中国特色社会主义制度的优势。始终坚持党对脱贫攻坚的领导，充分发挥社会主义集中力量办大事的制度优势，是中国减贫最大的政治优势和制度优势，是对全球贫困治理体系的革命性创新，是习近平总书记扶贫思想的重要组成部分，也是改革开放近40年代扶贫开发取得伟大成就的主要经验，是打赢脱贫攻坚战的根本保障。

党中央、国务院联合下发的《关于打赢脱贫攻坚战的决定》强调"坚持党的领导，夯实组织基础"的基本原则，为打赢脱贫攻坚战提供了科学指南和根本遵循。全面加强党的领导和党的建设，是打赢脱贫攻坚战的根本保证。与西方政党不同，我们党具有强大的理论优势、政治优势、组织优势、制度优势、密切联系群众的优势。回顾过去，我们之所以能够取得历史性成就，发生历史性变革，根本在于以习近平同志为核心的党中央坚强领导，把握住了党的领导这个总抓手，充分发挥了党的领导的优势，脱贫攻坚才能从认识到实践都发生了历史性、转折性、全局性变化。

（一）党的领导是根本

中共中央在《关于打赢脱贫攻坚战的决定》中明确提出，打赢脱贫攻坚战要坚持党的领导，夯实组织基础。党的十八大以来，习近平总书记以马克思主义政治家、理论家、战略家的深刻洞察力、敏锐判断力和战略定力，以高远的历史站位、宽广的世界眼光，提出了一系列治国理政的新理念新思想新战略，写就了习近平新时代中国特色社会主义思想的崭新篇章。习近平总书记提出并反复强调了一个重要思想，即中国特色社会主义最本质的特征是中国共产党领导，中国特色社会主义制度的最大优势是中国共产党领导。他还说，坚持和完善党的领导，是党和国家的根本所在、命脉所在，是全国各族人民的利益所在、幸福所在。明确提出了坚持党对一切工作的领导，党是最高政治领导力量等重大判断。这些观点和论述，不仅深刻揭示了中国共产党的领导与中国特色社会主义、国家强盛和人民幸福之间的本质联系，而且深刻揭示了党的领导的核心要义，就是要承担起推进和发展中国特色社会主义、实现中华民族伟大复兴的历史使命，充分彰显了中国共产党高度的政治自信和强烈的政治担当，蕴含着丰富的理论和实践创新。

坚持党的领导，最根本的是坚持党中央权威和集中统一领导。习近平总书记强调，党中央强调要增强"四个意识"，这不是一个口号，不是一句空话，要落实在行动上。各级党委和政府要坚决落实党中央决策部署，坚定不移做好脱贫攻坚工作。只有全党在中央的统一指挥下，步调一致，同心同德，才能使党的路线真正实现。在国家治理体系的大棋局中，党中央是坐镇中军帐的"帅"，车马炮各展其长，一盘棋大局分明。没有党中央权威和集中统一领导，就会出现群龙无首、各自为政、一盘散沙的局面。脱贫攻坚战是刚性要求，容不得任何借口的敷衍和退缩。全党服从中央，就是说，所有的党员，所有的党组织，都必须服从党中央——党的全国代表大会和中央委员会，执行党中央制定的路线、方针、政策，服从党中央的决定。各级党委、政府和部门要增强"四个意识",坚决维护党中央权威和集中统一领导,坚决担负起打赢脱贫攻坚战的政治责任,站在政治高位,以高度的使命感和责任感,全力以赴推进这场史无前例的攻坚战。"关键少数"要真正地扛起决策部署之责、统筹兼顾之责、协调组织之责、督办推动之责,把握打好脱贫攻坚战的方向、重点和节奏,确保有序推进,取得实效。

党的十八大以来,全党全社会扶贫投入力度前所未有,脱贫工作取得了决定性进展。我们党建立了中国特色脱贫攻坚制度体系,加强了党对脱贫攻坚工作的全面领导,为全球减贫事业贡献了中国智慧和中国方案。按照党中央关于脱贫攻坚的决策部署,全国各级地方党委、政府聚焦重点、狠抓落实,形成了省市县乡村五级书记齐抓共管的工作格局,把全面从严治党新要求贯穿到脱贫攻坚的全过程、各环节,抓党建促脱贫攻坚的成效明显。

落实党委、政府及其有关部门的脱贫攻坚责任是打赢脱贫攻坚战的关键环节,也是加强和改善党的领导的重要方面。《关于打赢脱贫攻坚战的决定》明确了"强化脱贫攻坚领导责任制",实现了从强化政府责任到试行"党政同责""一岗双责"的转变。牢牢抓住"责任"这个牛鼻子,围绕着明确责任、监督检查责任落实情况、严肃扶贫考核问责,已经形成了制度链条,各级党委、政府及有关部门的脱贫攻坚责任得到了显著加强。

(二)加强组织领导是保证

习近平总书记 2017 年 6 月 23 日在深度贫困地区脱贫攻坚座谈会上强调,"加大组织领导力度。深度贫困地区脱贫攻坚要强化落地,吹糠见米,做到人员到位、责任到位、工作到位、效果到位。解决深度贫困问题,加强组织领导是保证。"

中国决胜脱贫攻坚战的成功经验表明,只有在政治制度安排中有效克服内耗严重、相互掣肘的弊病,才能凝心聚力,合力攻坚,谋求国家发展。脱贫攻坚是一项涉及多主体、多领域的系统工程,需要各相关主体在党的领导下各司其职、相互配合、协同推进，以确保坚持正确方向、形成治理合力。与西方选举型政党松散的组织结构不同，中国共产党是一个按照民主集中制原则严密组织起来的马克思主义政党。民主集中制是我们党的根本组织原则和领导制度，也是我们的制度优势。我们党始终坚持和完善民主集中制的制度和原则，保证党的各级组织和国家机关依法协调高效运转，形成了治国理政的强大合力和正能量。

坚持农村基层党组织领导地位，是坚持和加强党的全面领导的内在要求，也是实现农村经济社会健康发展的根本保证。党组织的核心地位，是党组织发挥核心作用的前提，要在指导思想、组织保证上使党组织在农村的社会主义建设中，真正能站到"前台"，真正能居于"第一线"，而不是名不副实。对农村体制进行改革决不能以削弱党组织的作用为代价。实践证明，农村改革越深化，党组织的核心地位越要强化；脱贫越深入，农村第一线党组织的力量越要增强。2019年，中共中央印发新修订的《中国共产党农村基层组织工作条例》，鲜明地提出坚持农村基层党组织领导地位不动摇，并以此作为一条红线贯穿始终，作出一系列规定，提出明确要求。一是在总的定位上，明确规定乡镇党委和村党组织全面领导乡镇、村的各类组织和各项工作。二是在组织设置上，明确规定以行政村为基本单元设置党组织，县以上有关部门驻乡镇单位党组织除党中央另有规定的以外受乡镇党委领导，农村经济组织、社会组织中成立的党组织一般由所在村党组织或者乡镇党委领导。三是在职责任务上，明确规定乡镇党委和村党组织讨论决定本乡镇本村的经济建设、政治建设、文化建设、社会建设、生态文明建设和党的建设以及乡村振兴中的重大问题，领导基层治理。四是在体制机制上，村党组织书记应当通过法定程序担任村民委员会主任和村级集体经济组织、合作经济组织负责人，村"两委"班子成员应当交叉任职，村务监督委员会主任一般由党员担任，可以由非村民委员会成员的村党组织班子成员兼任。五是在议事决策上，明确规定村级重大事项决策实行"四议两公开"，加强村务监督。六是在保障支持上，明确规定乡镇党委委员按照乡镇领导职务配备，投放农村的公共服务资源以乡镇、村党组织为主渠道落实，健全以财政投入为主的村级组织运转经费保障制度，等等。通过这些制度设计和具体措施，确保农村基层党组织的领导是具体的而不是抽象的，是实在的而不是空泛的。当然，坚持党的领导，还要善于组织、协调各方面的力量，同心协力，围绕经济建设开展工作，促进经济社会全面发展。打赢脱贫攻坚战，需要各级各有侧重、有的放矢，最大限度凝聚工作合力。发挥党的统筹协调作用，就是做好部门之间的横向协调，统筹配置资源、推动部门协调联动、形成治理合力。

基层党组织是我们党在基层阵地上的堡垒，堡垒强则阵地坚，堡垒弱则阵地失。习近平总书记深刻指出，"无论农村社会结构如何变化，无论各类经济社会组织如何发育成长，农村基层党组织的领导地位不能动摇、战斗堡垒作用不能削弱"；他指出，我们的基层党组织和党员队伍，这是世界上任何其他政党都不可能具有的强大组织资源。把基层党建工作抓好了，我们的基层党组织牢不可破，我们的党员队伍坚不可摧，党的执政地位就坚如磐石，党和人民的事业就无往而不胜。脱贫攻坚战任务异常艰巨，这要求我们党必须实行坚强有力的领导，要求党的队伍必须是一个统一的、有高度觉悟的、有纪律的队伍。如果党处在一种松松散散、软弱无力的状态，那就根本不可能担当起领导的重任。

党的十八大以来，在脱贫攻坚中，战斗堡垒进一步巩固。全国7.7万个软弱涣散村（社区）党组织中，已有97.1%的村和96.5%的社区得到不同程度的转化提升。每年按照5%～10%的比例倒排一批软弱涣散基层党组织进行集中整顿，全国共调整5000多名贫困村党组织书记。注重从致富能手、青年农民、复员退伍军人、外出务工经商人员、返乡创业就业人员中发展党员，通过把党员培养成致富能手、把致富能手发展成党员，带领群众增收致富，充分发挥党员在脱贫攻坚中的先锋模范作用。

农村基层是打赢脱贫攻坚战的前沿阵地。切实加强贫困地区农村基层党组织建设，使其成为带领群众脱贫致富的坚强战斗堡垒，对打赢脱贫攻坚战至关重要。习近平总书记指出："农村基层党组织是党在农村全部工作和战斗力的基础，是贯彻落实党的扶贫开发工作部署的战斗堡垒。抓好党建促扶贫，是贫困地区脱贫致富的重要经验。要把扶贫开发同基层组织建设有机结合起来，抓好以村党组织为核心的村级组织配套建设，把基层党组织建设成为带领乡亲们脱贫致富、维护农村稳定的坚强领导核心，发展经济、改善民生，建设服务型党支部，寓管理于服务之中，真正发挥战斗堡垒作用。"①

（三）基层党组织建设同脱贫攻坚有机结合是关键

要从巩固党的执政基础的角度来看待脱贫攻坚工作。习近平总书记在中央扶贫开发工作会议上强调，"要把夯实农村基层党组织同脱贫攻坚有机结合起来"。通过抓党建促脱贫攻坚，加强基层党组织建设、推动全面从严治党向基层延伸，充分发挥基层党组织的战斗堡垒作用和党员干部先锋模范作用，为脱贫攻坚和乡村振兴提供坚强组织保证。从党的组织体系看，基层党组织是党的肌体的"神经末梢"，是党执政大厦的地基，直接决定着贯彻执行党的理论和路线方针政策的成效，直接影响着党中央权威和集中统一领导，直接关系到党的执政能力的提高、执政地位的巩固和执政使命的完成。我们党有8900多万名党员，分布在450多万个基层党组织。如果基层党组织软弱涣散，党就不可能成为一个团结统一的整体，党员就会成为散兵游勇，党的全部工作就会失去依托。因此，各级党组织尤其是农村基层党组织，作为精准扶贫的重要组织者、实施者和推动者，如何发挥领导核心作用将是决定脱贫攻坚成败的关键。为此，要抓实基层党建述职评议考核，推动脱贫攻坚责任落地，使基层党建融入扶贫、服务扶贫、推动扶贫。

---

① 习近平：《做焦裕禄式的县委书记》，中央文献出版社 2015 年版，第 21 - 22 页。

（四）脱贫攻坚关键在人

"办好中国的事情，关键在党，关键在人"。加强党的领导，中国共产党一直高度重视队伍建设问题，进一步充实基层的力量。脱贫攻坚战是个考验人的战场，为干部成长提供了重要舞台。习近平总书记指出，要在脱贫攻坚第一线考察识别干部，激励各级干部到脱贫攻坚战场上大显身手。通过强有力的措施将那些想干事、能干事、敢担当、善作为的优秀干部选配到贫困地区去，要在实战中培养锻炼干部，打造一支能征善战的干部队伍。是抓党建促脱贫攻坚的重要途径。

《关于打赢脱贫攻坚战的决定》提出了具体要求："加强贫困乡镇领导班子建设，有针对性地选配政治素质高、工作能力强、熟悉'三农'工作的干部担任贫困乡镇党政主要领导；选好配强村级领导班子，突出抓好村党组织带头人队伍建设，充分发挥党员先锋模范作用；注重选派思想好、作风正、能力强的优秀年轻干部到贫困地区驻村，选聘高校毕业生到贫困村工作；根据贫困村的实际需求，精准选配第一书记，精准选派驻村工作队，提高县以上机关派出干部比例；加大驻村干部考核力度，不稳定脱贫不撤队伍。对在基层一线干出成绩、群众欢迎的驻村干部，要重点培养使用。"[1]。2018 年 8 月，中共中央、国务院发布《关于打赢脱贫攻坚战三年行动的指导意见》明确指出，要坚持脱贫攻坚与锤炼作风、锻炼队伍相统一，把脱贫攻坚战场作为培养干部的重要阵地，强化基层帮扶力量，密切党同人民群众的血肉联系，提高干部干事创业本领，培养了解国情和农村实际的干部队伍。打造脱贫攻坚"不走的工作队"，对于实现可持续的稳定脱贫、促进农村经济社会的高质量发展则更有深远意义。

---

[1] 国务院扶贫开发领导小组办公室组织编写：《脱贫攻坚政策解读》，党建读物出版社 2016 年版，第 20－21 页。

（五）坚持真抓实干

自我净化和提高，是中国共产党的又一独特优势。我们党一路走来，并不是遍地鲜花，而是荆棘丛生，但我们党紧紧依靠自身建设，紧紧依靠人民力量，跨过一道又一道沟坎，取得一个又一个胜利，展现出超强的自我净化、自我完善、自我革新、自我提高的能力。这决非西方选举型政党能够具备和做到的。面对党内存在的突出问题，我们党从不讳疾忌医，而是以自我革命的政治勇气刮骨疗伤，激浊扬清。

腐败和作风问题严重影响脱贫攻坚进程效果。近些年，村支书腐败不正之风时有发生。2016 年 4 月 13 日，中纪委曾通报全国各级纪检监察机关查处的 107 起侵害群众利益的不正之风和腐败问题，其中与村支书有关的问题有 50 起。因此，中国共产党特别强调不断增强发展经济、改善民生、服务群众、治理社会的本领和自我净化、自我完善、自我革新、自我提高的能力，始终守住做人、处事、用权、交友的底线，不但能将党和人民交给的时代重任担起来，还能接续奋斗，不断取得新成绩。

四、习近平党建扶贫论述的时代意义

坚持党对脱贫攻坚工作的领导，既是党的历史使命，也是现实需要。既是由党的根本宗旨决定的，也是解决我国社会主义主要矛盾的必然要求。党的十八大以来，习近平总书记针对抓党建促脱贫攻坚提出了许多新理念、新观点、新要求。在打赢脱贫攻坚战中，我们坚持党的领导，夯实组织基础，充分发挥各级党委总揽全局、协调各方的领导核心作用，严格执行脱贫攻坚一把手负责制，省市县乡村五级书记一起抓。切实加强贫困地区农村基层党组织建设，使其成为带领群众脱贫致富的坚强战斗堡垒，谱写了坚持和发展中国特色社会主义新篇章。

在打赢脱贫攻坚战中，中国共产党的独特优势，为中国打赢脱贫攻坚战注入了源源不绝的动力。抓党建促脱贫攻坚，已经成为具有中国特色扶贫开发道路的重要组成内容，具有十分深刻的时代意义。

1. 彰显了社会主义制度优越性，走出了一条逐步走向现代化的发展道路。改革开放40多年以来，我们党坚持改革开放，强调发展才是硬道理，带领人民群众开展社会主义现代化建设，逐步走上了共同富裕的道路。在党的几代领导集体的共同努力下，我国反贫困事业取得了很大成效，是世界上减贫人数最多的国家，也是世界上率先完成联合国千年发展目标的国家。党的十八大以来，以习近平同志为核心的党中央为实现"到2020年中国所有贫困地区和贫困人口一道全面迈入小康生活"的庄严承诺，创新了反贫困事业新布局，党的领导得到全面加强，领导责任得到全面落实，推进了反贫困事业的新路径。

联合国《2015年千年发展目标报告》显示，中国极端贫困人口比例从1990年的61%下降到2002年的30%以下，率先实现了比例减半，中国对全球减贫的贡献率超过70%，为全球减贫工作作出了卓越贡献。回顾起来，中国之所以能够快速发展起来，在摆脱贫困上取得这么大的成绩，最根本的是我们党带领人民找到并走出了一条中国特色社会主义道路。这条道路，是一代又一代中国共产党人用生命、鲜血和汗水探索得来的，代表了中国共产党人推动传统中国走向社会主义现代化的智慧和创造。这条道路，是在借鉴和吸收人类文明成果的基础上形成和发展的，为解决当今时代和人类社会面临的诸多问题提供了中国智慧和中国方案。

改革开放40多年以来，在党中央的带领下，中国反贫困事业推向了历史新高度。建立了社会主义市场经济体系，通过发挥市场在资源配置中的作用进行反贫困实践。邓小平同志指出，中国尚处于初级阶段，"生产力水平远不如资本主义国家，不可能完全消灭贫困。"小平同志指出，"贫穷不是社会主义"，"发展才是硬道理"，让人民相信社会主义制度的优越性必须摆脱贫困。党的十八大以来，在继往开来的基础上，习近平总书记把扶贫工作推向新境界。党的十九大报告指出："必须坚持以人民为中心的发展思想，不断促进人的全面发展、全体人民共同富裕"，"要深入开展脱贫攻坚，保证全体人民在改革发展过程中的获得感，不断促进全面发展、共同富裕"，中国共产党把实现共同富裕作为中国特色社会主义的本质规定，坚持以人民为中心的发展观，坚持发展为了人民、发展依靠人民、发展成果由人民共享，在经济发展基础上不断增强人民群众的获得感，这是我们党始终赢得群众拥戴的关键所在。

更重要的是，作为世界上最大的政党，我们党为解决社会主义初级阶段的贫困问题走出了一条有效的道路。中国共产党所具备的强大的政治引领力、强大的民心感召力、强大的组织动员力、强大的自我革新力，在脱贫攻坚工作中得到了鲜明的体现。例如，中国共产党的组织动员力是举世公认的，这种能力来源于强大的组织体系，来源于得力的干部队伍，来源于严密的组织纪律。这也是世界上其他政党羡慕中国共产党的众多优势中较为突出的一点，许多西方学者从政治学、社会学理论上也给予了很高评价。美国学者亨廷顿是西方政治发展理论的代表人物，他在大量比较研究基础上得出一个基本结论，即：没有政党或者只有许多弱小政党的国家是最不稳定的。他特别承认中国共产党在现代化进程中的作用，认为有效的"动员"和"组织"增强了共产党推进现代化的能力。[1] 我国的政党制度和政治制度，有效避免了西方国家那种党争纷沓、相互倾轧的恶果，具有强大的社会整合力，能够集中力量办大事，高效推动国家发展和社会进步。中国共产党建党百年、执政70多年走过的真实道路，也是我们党真正的力量所在。今天，世界还没有哪个政党在这些方面能够与中国共产党媲美。

社会主义进入新时代，就要求我们提高对党的领导的认识，坚定

---

① 何毅亭：《努力建设世界上最强大的政党》，《学习时报》2016年7月10日。

对中国特色社会主义制度的自信。历史和现实都已经证明，中国共产党是具有光荣传统的党，是对人民高度负责的党，是勇于自我革新，是一个成熟的，可以信赖的党。在实现中华民族伟大复兴的关键时期，离开了中国共产党的领导，谁来组织社会主义的经济、政治、文化？谁来领导中国人民搞现代化？维护党的领导是全国人民的根本利益所在，是关系到社会主义现代化事业能否实现的大事。因此，应当认识到加强党的领导的重要意义，做到自觉地服从和维护党的领导，把党的领导贯穿脱贫攻坚的全过程。

2. 抓党建促脱贫攻坚，巩固了党在农村的执政基础。抓党建促脱贫攻坚，在新时代发扬了我们党密切联系群众的光荣传统，巩固了党在农村的执政基础。在打赢脱贫攻坚战的实践中，各级党组织和党员干部从讲政治高度深刻认识打赢脱贫攻坚战的重要意义。以奋发有为的精神状态、艰苦奋斗的实际行动，挑战面前不畏缩，困难面前不低头，采取针对性的对策和策略，全力打好脱贫攻坚这场硬仗，取得了显著成效。

习近平总书记强调："各级领导干部要从巩固党的执政的阶级基础和群众基础，从保持同人民群众的血肉联系的高度出发，保持顽强的工作作风和拼劲，满腔热情做好脱贫攻坚工作。"一段时间以来，我们的党群沟通出现了一些值得警惕的现象。在发展市场经济的过程中，有的干部同群众疏远了，党群换届不协调，党群沟通不通畅，也客观上影响了群众对党的感情，造成了群众的政治冷漠。尤其是，一些党员干部，长期不作为，群众工作本领无法得到锻炼，一些党员干部存在形式主义、官僚主义、弄虚作假、谋取私利，党和群众甚至出现了一些矛盾。

通过抓党建促脱贫攻坚，党员干部以更加振奋的精神、更加务实的作风、更加有力的举措，密切党和人民群众的血肉联系。时刻把群众的冷暖挂在心上，真心诚意地为人民群众办实事、做好事、解难事，努力解决群众生产生活中的实际问题。如若不能这样做，群众就不会跟你走，更谈不上凝聚与带领群众。对于这一点，习近平同志在浙江工作期间与农村基层党组织书记座谈时说得再清楚不过："农民群众都是很实在的，你为他办实事，给他得实惠，他就信任你、依赖你，就服你。"他明确要求，"不能等着汇报工作，发出指示，而应当主动地去发现问题，帮助农民解决各种实际困难"。在他看来，老百姓"身边每一件生活小事，都是实实在在的大事。正像人的身体一样，小的'细胞'健康，大的'肌体'才会充满生机与活力"。

脱贫攻坚促进党群、干群关系大改善。原来干部群众间沟通少，存在互相不理解情况。通过进村入户，给老百姓做了很多思想工作，做了很多好事实事，现在党群、干群关系已很融洽。改善了干群、党群关系。通过抓党建促脱贫攻坚，农民群众基本素质大幅提升。一些地方抓好农村剩余劳动力转移培训和农业实用技术、职业技能、创业培训，激发群众脱贫致富的内生动力，组织从事相关产业的农村党员进行特色培训，通过组织贫困村党组织书记等参加培训，提高了他们的领导发展、带领致富的能力。通过解决实际问题，进一步改进了机关作风，密切了党群干群关系。

各级党组织坚定把脱贫攻坚作为最艰巨、最紧迫的政治任务，为推动贫困落后地区发展最有效、最根本的出路，紧紧围绕改善农民基本生产生活条件、提高农民基本素质、拓宽农民基本增收门路问题，带着责任和感情、带着资金和项目、带着智慧和方法扎实开展党建扶贫工作，推动了贫困地区经济社会的发展。脱贫攻坚实现了从解决温饱向巩固温饱、加快脱贫致富、改善生态环境、提高发展能力和缩小发展差距的转变。

3. 锻炼了干部队伍，提升了干部队伍的综合素质与执行能力。脱贫攻坚是锤炼干部的有效手段。习近平总书记强调，新时代坚持和发展中国特色社会主义是一场伟大社会革命，要求我们必须时刻进行具有许多新的历史特点的伟大斗争，必须让我们的干部特别是领导干部经风雨、见世面、长才干、壮筋骨，保持斗争精神、增强斗争本领。脱贫攻坚是历史赋予广大党组织、党员干部的庄严责任、光荣使命，脱贫攻坚的过程就是严肃的党性锻炼过程。在实践中，我们坚持脱贫攻坚与锤炼作风、锻炼队伍相统一。把脱贫攻坚战场作为培养干部的重要阵地，强化基层帮扶力量，密切党同人民群众血肉联系，提高干部干事创业本领，培养了解国情和农村实际的干部队伍。

树立了鲜明的用人导向。脱贫攻坚既为干部干事创业搭建舞台，又为培养选拔干部提供擂台。习近平总书记强调，深度贫困地区，是脱贫攻坚的难中之难，坚中之坚，"乡村作为脱贫攻坚的主战场，是矛盾纠纷的聚焦点，更是检验、发现优秀干部的第一线"。艰苦环境最能磨练人，急难险重最能造就人。脱贫攻坚是历练、考察和识别干部的试金石，也是砥砺干部队伍、培养斗争精神的磨刀石。脱贫攻坚是培育历练干部的"主赛场"，干部在一线破解难题、锻炼能力、推进项目。脱贫攻坚是锻炼、考察、识准、用好干部的主战场，把脱贫攻坚实绩作为选拔使用干部的重要依据，切实激励干部担当作为，用心用力用情投入脱贫攻坚一线。把政治过硬、勇于担当、真抓实干、激情创业、善作善成、群众信赖的干部选出来、用起来，为干部树起干事创业的风向标。

干部在打赢硬仗的过程中，综合素质和能力得到了全面锻炼和提升。高素质干部队伍是推进脱贫攻坚进程的关键，只有培养好专业化干部并努力创造人尽其才的良好局面，才能最大限度地发挥人才对脱贫攻坚的推动作用。在实践中，实施了全国脱贫攻坚全面培训，落实分级培训责任，保证贫困地区主要负责同志和扶贫系统干部轮训一遍。特别是，在脱贫攻坚中，特别注重发现、培养和选拔优秀年轻干部，让他们经受吃紧岗位、重要岗位的磨炼，把重担压到他们身上。让他们在实践中得到锻炼，在实践中得到磨砺，在实践中得到成长，特别要注重在困难的工作中提高他们应对复杂局面和处理复杂问题的能力。

贫困地区干部作风明显转变。脱贫攻坚带来了干部作风大转变。党员干部工作执行力、政治素质得到了明显提升，干事创业热情得到了极大激发，为民意识、服务群众能力得到了显著增强。精准扶贫精准脱贫政策需要落实到一家一户，脱贫攻坚让各级干部特别是领导干部在一线了解实情，离群众更近了，了解的问题更实了。帮扶干部履行帮扶责任，让干部同困难群众融为一体、打成一片，成了共同脱贫致富一家人，党在人民群众心中威望提高了。

4. 基层组织创造力、凝聚力、战斗力明显增强。党的十八大以来，农村基层党组织不断健全服务体系，建立长效机制，使服务群众民生的工作常态化、制度化、规范化。这些为民举措的推行，使农村群众对基层党组织满意度提升，增加了农村群众对党组织的认同，基层党组织的领导核心作用不断显现。

在脱贫攻坚中，农村基层党组织体系不断健全。各地探索出适应农村改革发展新变化及时跟进建立党组织，扩大组织覆盖和工作覆盖、农村基层党组织通过不断创新工作管理机制，应对了各种挑战，妥善解决了各种难题。其中，就包括村级组织机构不断健全发展，这有利于壮大村级党组织力量，有利于村级党组织机制健康运行，有利于村级党组织各项工作顺利开展。例如，规定农村经济组织、社会组织具备单独成立党组织条件的，根据工作需要可以成立党组织；村改社区应当同步调整或者成立党组织，探索出村村联建、村企联建、"合作社＋党支部"等模式；同时理顺党组织隶属关系。

在脱贫攻坚中，基层党组织运转经费得到了有效保障，农村党组织的阵地建设得到全面巩固。活动场地作为党组织各项工作顺利实施的必要条件，同样是农村党员群众沟通联系的平台。然而，农村基层党组织匮乏活动场所，缺乏这样一个沟通平台，很大程度上影响着农村党组织的向心力，以及与农村群众的凝聚力。为此，很多地方围绕把村党组织建设成为脱贫攻坚的战斗堡垒，加强"软件"建设外，还得有"硬保障"，先后组织实施基层党建固本培元"六大行动"、补短克难"五项集中攻坚"、基层党组织组织力提升工程，全面推进村级阵地"规范＋特色"建设。

5. 农村治理能力不断提升，农村基层治理能力明显提高。通过坚持党的领导，夯实组织基础，我们的乡村治理体系不断完善，现代化水平显著提升。抓党建促脱贫攻坚工作的经验表明，在新时代只有依靠人民群众的力量，才能调动人民群众的积极性、主动性、创造性，带动人民群众脱贫致富；才能发挥基层工作者的优势，有效地化解不同领域的安全风险，助推脱贫攻坚工作取得成效；才能激励公职人员担当实干，及时响应新时代的召唤，如期打赢脱贫攻坚战。脱贫攻坚工作事关国家政策的落地生根，事关人民群众的切身利益，事关党的事业兴衰成败。在脱贫攻坚中，围绕构建自治、德治、法治相结合的现代乡村治理体系，一系列乡村治理难题得到了有效治理。

一是推进党组织领导下的村居民自治，健全重要事项、重大问题党支部提议、村社区两委商议、党员大会审议、村居民代表大会决议等机制。确立以村党组织为核心的地位，确立以村党支部为核心的村级组织配套建设的体制。在人事任免机制上要求，村党组织书记应当通过法定程序担任村民委员会主任和村级集体经济组织、合作经济组织负责人，村"两委"班子成员应当交叉任职，村务监督委员会主任一般由党员担任，可以由非村民委员会成员的村党组织班子成员兼任。在党中央的大力号召下，各省先后出台了村监督委员会的文件。村务监督委员会由村民大会或村民代表大会选举产生，主要负责村务监督、民主理财、村务公开等事宜。村务监督委员会的建立进一步完善了村级组织体系，使得村级事务更加规范，组织的监督和制约机制进一步完善，同时，村务监督委员会的建立使得农民参与民主监督、管理有了可靠的制度保证和组织保证。

二是善于运用法治思维和法治方式解决涉及群众切身利益的矛盾和问题。要创新服务模式，发挥群众监督作用，透明化管理村镇，切实提升村民的安全感、幸福感、满足感。脱贫攻坚任务艰巨，必须让群众参与脱贫攻坚工作的全过程，由主动表达诉求向理性表达诉求转变，让群众不但会合理表达需求，而且能自觉参与基层工作，切实减少基层负担，做到精准扶贫。为做到抓早抓小、应调尽调，各地充分发挥人民调解扎根基层、贴近群众、熟悉社情民意的优势，灵活采取多种方法，依法及时就地化解各类矛盾纠纷，防止矛盾纠纷交织叠加、激化升级。江苏探索建立矛盾纠纷管辖责任制、首问首办负责制、移交督办制等，坚持"谁接手、谁负责""谁管理、谁负责"，确保矛盾纠纷不推诿、不拖拉、不积压。

三是将抓好移风易俗与推进脱贫攻坚相结合。脱贫攻坚不仅需要物质层面的扶贫，帮助困难群众尽快摆脱物质贫困，更需要从思想认识层面上发力，做好精神上的扶智和扶志。要从根本上改变欠发达地区的贫困面貌，必须推进移风易俗，使文明新风融入农村生产生活的各个方面，并引导贫困群众摒弃陈规陋习，形成良好的文明理念、生活方式、风俗习惯、社会风尚，实现自我教育、自我管理、自我服务、自我监督，从而进一步增强全面建成小康社会的活力和动力。在脱贫攻坚中，各地党委树立文明新风，集中治理嫌老弃老、"懒汉"、打牌赌博等不良现象。强化宣传引导，积极树立正面典型。提倡喜事新办、丧事简办，推进移风易俗。运用人民群众喜闻乐见的宣传方式、借助人民群众关心信赖的传播载体，将社会主义核心价值观厚植于群众思想中，引导人们崇德向善、革除陋习、激浊扬清、移风易俗，形成社会文明新气象。

大党

脱贫攻坚中的党建力量

治贫

实践篇

第三章

坚持党对
脱贫攻坚的领导

坚持党的领导，强化组织保证，是中国特色减贫之路最本质的特征，也是打赢脱贫攻坚战的根本保障。习近平总书记强调："脱贫攻坚，加强领导是根本。必须坚持发挥各级党委总揽全局、协调各方的作用，落实脱贫攻坚一把手负责制，省市县乡村五级书记一起抓，为脱贫攻坚提供坚强政治保证。""越是进行脱贫攻坚战，越是要加强和改善党的领导。"

打赢脱贫攻坚战，就是要把思想和行动统一到习近平扶贫思想和中央重大决策部署上来，增强党的政治领导力、思想引领力、群众组织力、社会号召力，把脱贫攻坚作为最大的政治责任、最大的民生工程、最大的发展机遇，更加主动把党的领导贯穿到脱贫攻坚的全过程和各方面。

一、党的领导是打赢脱贫攻坚战的根本保证

（一）新时代坚持和完善党的领导的鲜明特征

1. 更加突出系统全面。党的十八大以来，以习近平同志为核心的党中央旗帜鲜明坚持和加强党的全面领导，把党的领导贯穿到治国理政全部活动中，中国特色社会主义事业展现出前所未有的光明前景。事实充分说明，只有坚持和加强党的全面领导，才能保证全党一盘棋，使党在应对国内外各种风险和考验的历史进程中始终成为全国人民的主心骨，带领全国各族人民步调一致沿着正确方向阔步前进；才能解决好发展不平衡不充分问题，破除一切顽瘴痼疾，更好满足人民对美好生活的向往，汇聚起决胜全面建成小康社会的磅礴力量。

坚持和加强党的全面领导，不是抽象的而是具体的，是在发展中国特色社会主义事业的历史进程中，始终坚持党在国家治理体系中处于"总揽全局、协调各方"的最高地位，坚持"党政军民学，东西南北中，党是领导一切的"，对经济、政治、文化、社会、生态文明建设，对内政、外交、国防等工作，对国家立法、行政、司法、监察

机关，对经济、文化、社会、群团等组织和党外群众进行领导。也就是说，要体现在党和国家事业的全领域，覆盖到党和国家工作的全方位，贯穿到党和国家发展的全过程。无论哪个领域、哪个方面、哪个环节中，党的领导弱化了，都会出现"短板效应"，影响党和人民事业健康发展。

当然，党作为最高政治领导力量实施的全面领导，不是包办、包揽、包干一切，不是替代一切组织、机构去直接领导、直接管理、直接组织，更不是"包打天下"，而是在把方向、谋大局、定政策、促改革、保落实上下功夫，在一切组织、机构能够在党的统一领导下协调行动、增强合力、全面提高国家治理能力和治理水平上下功夫。

2. 更加突出集中统一。党的力量来自组织。我们党是按照马克思主义建党原则建立起来的政党，历来高度重视组织的力量。党章第十条规定："党是根据自己的纲领和章程，按照民主集中制组织起来的统一整体。"长期以来，以民主集中制为根本组织制度和领导制度，建立了由党的中央组织、地方组织和基层组织构成的科学严密的组织体系。这一体系形成的组织力量，是一种众志成城、无坚不摧的巨大合力，是确保党始终成为时代先锋、民族脊梁的组织优势。

坚持和加强党作为一个组织整体的领导，最重要的是维护党中央权威和集中统一领导。党的历史和新中国的历史充分证明，只有形成民主基础上的正确集中，才能将全党意志、智慧和力量凝聚起来，形成统一意志和行动。习近平总书记强调，我们这么大一个党、一个国家，没有集中统一，没有党中央坚强领导，没有强有力的中央权威，是不行的、不可想象的。必须保证全党服从中央，维护党中央的权威和集中统一领导。他在庆祝改革开放 40 周年的讲话中指出，"正是因为始终坚持党的集中统一领导，我们才能实现伟大历史转折、开启改革开放新时期和中华民族伟大复兴的新征程"。

维护习近平总书记在党中央、全党的核心地位，是中国共产党的郑重选择，是历史的选择、人民的选择，是坚持和加强党的集中统一领导的应有之义。只有增强"四个意识"、坚定"四个自信"、做到

"两个维护"，自觉在思想上政治上行动上同以习近平同志为核心的党中央保持高度一致，坚决把维护习近平总书记党中央的核心、全党的核心地位落到实处，才能确保全党统一意志、统一行动、步调一致向前进。

经过多方面努力，坚持集体领导与个人分工负责相结合，充分发扬党内民主，汇聚党内智慧，不断健全完善有利于民主与集中良性互动的运行机制和高度统一、有战斗力的组织整体，不断形成和巩固。

3. 更加突出坚强有力。习近平总书记指出，"我们最大的优势是我国社会主义制度能够集中力量办大事。"坚持全国一盘棋，调动各方面积极性，集中力量办大事是我国国家制度和国家治理体系的显著优势之一，是我们战胜各种重大风险和挑战的不二法宝，是中华民族实现从站起来、富起来到强起来的历史性飞跃的强大动力。

集中力量办大事体现了社会化大生产规律的要求，既是国民经济行稳致远的压舱石，也是国家经济治理的重要职能，离不开党的坚强有力领导。党的十八大以来，以习近平同志为核心的党中央大力提高党把方向、谋大局、定政策、促改革的能力和定力，在更高水平上实现了全党全社会思想上的统一、政治上的团结、行动上的一致，为集中力量办大事以及议而能决、决而能行，提供了坚强政治保证和组织基础。

（二）坚持党的领导是打赢脱贫攻坚战的根本保证

党的十八大以来，全党全社会扶贫投入力度前所未有，脱贫工作取得了决定性进展。我们党建立了中国特色脱贫攻坚制度体系，加强了党对脱贫攻坚工作的全面领导，为全球减贫事业贡献了中国智慧和中国方案。按照党中央关于脱贫攻坚的决策部署，各级地方党委、政府聚焦重点、狠抓落实，形成了省市县乡村五级书记齐抓共管的工作格局，把全面从严治党新要求贯穿到脱贫攻坚的全过程、各环节，抓党建促脱贫攻坚的成效明显。

党的十九大后，中共中央成立了中央全面深化改革领导小组、中央农村工作领导小组和国务院扶贫开发领导小组等领导机构，大大强化了党领导脱贫攻坚工作的能力。习近平总书记对重要改革亲自部署、重大改革方案亲自把关、改革落实情况亲自过问，引领全面深化改革开创崭新局面。各级党委和政府高度重视扶贫开发工作，把扶贫开发列入重要议事日程，把帮助困难群众特别是革命老区、贫困地区的困难群众脱贫致富列入重要议事日程，不断完善政策，抓紧抓实抓出成效。

二、加强党对脱贫攻坚的组织领导

党对脱贫攻坚的组织领导，是打赢脱贫攻坚战的根本性保障。2017 年 6 月 23 日，习近平总书记在深度贫困地区脱贫攻坚座谈会上讲话强调："加大组织领导力度。深度贫困地区脱贫攻坚要强化落地，吹糠见米，做到人员到位、责任到位、工作到位、效果到位。解决深度贫困问题，加强组织领导是保证。"脱贫攻坚中党的组织领导能力集中体现在党的领导核心高度重视和亲自指挥，党中央建立并完善脱贫攻坚的责任体系、层层压实脱贫责任。

习近平总书记亲自挂帅出征、驰而不息推进，走遍全国集中连片特困地区，国内考察多次涉及扶贫，在许多重要会议上都强调扶贫，每年扶贫日期间出席重大活动或作出重要指示，每年听取脱贫攻坚成效考核汇报，召开专题座谈会作出重大部署，提出落实要求，保证了脱贫攻坚的正确方向和良好态势。在习近平总书记关于扶贫工作的重要论述指引下，中央和地方主要通过以下两个方面充分体现中国共产党如何加强对打赢脱贫攻坚战的组织领导。

（一）完善"中央统筹、省负总责、市县抓落实"的扶贫开发管理体制

中央一级负责制定脱贫攻坚的大政方针，出台重大政策举措，完善体制机制，规划重大工程项目，协调全局性重大问题、全国性共性

问题，指导各地制定脱贫滚动规划和年度计划。有关中央和国家机关按照工作职责，落实脱贫攻坚责任。

省负总责，省级党委和政府对本地区脱贫攻坚工作负总责，抓好目标确定、项目下达、资金投放、组织动员、监督考核等工作，确保责任层层落实。中西部22个省份党政主要负责同志向中央签署脱贫攻坚责任书，立下军令状，每年定期向中央报告脱贫攻坚工作进展情况。市级党委和政府主要负责上下衔接、域内协调、督促检查工作，把精力集中在贫困县如期摘帽上。县级党委和政府承担主体责任，书记和县长是第一责任人，做好进度安排、项目落地、资金使用、人力调配、推进实施等工作。

通过合理安排各级政府在脱贫攻坚中的权责，形成了合理分工、各司其职、有序推进的工作局面。一方面，资源配置的重心下沉到脱贫攻坚的"一线战场"，让贫困社区和贫困农户发挥主体作用，合理谋划脱贫举措；另一方面，通过高位推动、深化改革，以前制约基层扶贫有效开展的众多体制机制障碍得以有效破除。

（二）建立并完善"五级书记一起抓扶贫"的领导责任体制

加强党对扶贫工作的领导有利于在脱贫攻坚过程中统筹全局、协调各方，有利于资源和人力的调度与合理使用，是打赢脱贫攻坚战的重要组织保障。建立并完善"五级书记一起抓扶贫"的领导责任体制，体现了强大的组织领导能力。脱贫攻坚任务重的省份，将打赢脱贫攻坚战作为"第一民生工程"和"头等大事"来抓，以脱贫攻坚统揽经济社会发展全局，各级党委作为脱贫攻坚的第一责任主体，为赢得脱贫攻坚战的胜利奠定了政治基础和组织基础。

三、持续推进脱贫攻坚领域的改革创新

打赢脱贫攻坚战是中国特色社会主义进入新时代，以习近平同志为核心的党中央为消除绝对贫困、确保全面建成小康社会而做出的重

大决策部署。围绕这一决策部署的贯彻落实，从中央的顶层设计到地方的基层实践，改革创新体现在全过程各环节，特别是在扶贫理论、扶贫方略、脱贫攻坚制度体系、精准扶贫工作机制等方面的重大创新，彰显了中国共产党的改革创新能力。

（一）扶贫理论的重大创新

新时代脱贫攻坚的时代特征是以习近平新时代中国特色社会主义思想为指导，以习近平总书记关于扶贫工作的重要论述为根本遵循。习近平总书记关于扶贫工作的重要论述，正是中国扶贫理论的新发展，是马克思主义反贫困理论中国化的最新成果。一是从中国特色社会主义发展全局明确扶贫开发的战略地位。党中央把扶贫开发与党和政府的职责、党的根本宗旨以及全面建成小康社会目标要求和社会主义的本质要求相结合，这是对马克思主义反贫困理论的重大贡献。二是深刻总结了党的十八大以来中国扶贫开发"六个坚持"的宝贵经验，丰富发展了中国特色减贫道路的具体内容。这些宝贵经验包括：坚持党的领导，强化组织保证；坚持精准方略，提高脱贫实效；坚持加大投入，强化资金支持；坚持社会动员，凝聚各方力量；坚持从严要求，促进真抓实干；坚持群众主体，激发内生动力。三是从携手消除贫困、共建人类命运共同体的高度指明了全球减贫合作的方向。中国在致力于自身消除贫困的同时，力所能及向其他发展中国家提供不附加任何政治条件的援助，支持和帮助广大发展中国家特别是最不发达国家消除贫困，这是对全球减贫理论的原创性贡献。

（二）扶贫方略的重大创新

2013 年，习近平总书记在湖南省湘西州花垣县十八洞村考察时，首次提出"精准扶贫"的治贫理念，随后多次阐述这一理念，形成了思想深邃、逻辑严密的精准扶贫重要论述，精准脱贫成为脱贫攻坚的基本方略。在扶贫开发过程中做到"六个精准"，实施"五个一批"，解决好"四个问题"，是精准扶贫、精准脱贫基本方略的要旨所在。

坚持做到扶持对象精准、项目安排精准、资金使用精准、措施到户精准、因村派人精准、脱贫成效精准的要求，使建档立卡贫困人口中通过产业扶持、转移就业、易地搬迁、教育支持、医疗救助等措施实现脱贫，其余完全或部分丧失劳动能力的贫困人口实行社保政策兜底。脱贫攻坚的实践证明，精准扶贫、精准脱贫基本方略，是打赢脱贫攻坚战的理念基础和总方法。

（三）脱贫攻坚制度体系的重大创新

主要是体现"中央统筹、省负总责、市县抓落实"体制机制要求的各负其责、合力攻坚的责任体系；针对多维致贫因素、形成政策"组合拳"的政策体系；确保扶贫投入力度与打赢脱贫攻坚战要求相适应的投入体系；发挥社会主义制度集中力量办大事优势的社会动员体系；确保中央决策部署落地落实的督查体系；体现最严格的考核评估要求确保真扶贫、扶真贫、真脱贫的考核体系。脱贫攻坚制度体系的形成和发展，为打赢脱贫攻坚战提供了制度保障。

（四）精准扶贫工作机制的重大创新

主要体现在：为解决好"扶持谁"的问题，逐村逐户开展贫困识别，对识别出的贫困村、贫困户建档立卡，并且通过"回头看"和甄别调整，不断提高识别准确率；为解决好"谁来扶"的问题，全国累计选派县级以上机关、国有企事业单位300多万干部参加驻村帮扶，加上近200万乡镇扶贫干部和数百万村干部，增强了一线扶贫力量，打通了精准扶贫"最后一公里"；为解决好"怎么扶"的问题，全面实施"五个一批"工程，因地因人制宜，扶到点上扶到根上；为解决好"如何退"的问题，中央明确贫困县、贫困村、贫困人口退出标准和程序，各地科学合理制定脱贫滚动规划和年度计划，对拟退出的贫困县组织第三方进行严格评估，保持有关政策稳定。

四、广泛动员社会力量参与脱贫攻坚

广泛动员社会力量参与脱贫攻坚，大力宣传脱贫攻坚典型案例、典型经验、典型人物，有助于传承中华民族优秀品德，有助于凝聚最广泛的人心和力量，营造全社会关心扶贫济困、关心国家发展的良好氛围。党在脱贫攻坚战中的社会动员能力集中体现在不断强化社会动员和宣传体系建设，凝聚全社会参与的社会扶贫新格局。

中国特色减贫道路的基本特征之一，就是坚持巩固和完善"大扶贫"的工作格局。党的十八大以来，社会扶贫领域聚焦精准，围绕优化工作机制和模式，持续开展创新。东西部协作和定点扶贫等领域工作以精准扶贫精准脱贫的理念为指引不断深入。发达地区和中央单位向贫困地区选派干部超过 10 万人，支持项目资金超过万亿元。经过调整完善东西部扶贫协作结对关系，实现了对 30 个民族自治州结对帮扶的全覆盖。京津冀协同发展中，京津两市与河北省张家口、承德和保定三市明确了扶贫协作任务。东部 267 个经济较发达县市区，与西部地区 434 个贫困县市区旗开展了"携手奔小康"行动。对口支援新疆、西藏和四省藏区工作在现有机制下进一步聚焦精准扶贫精准脱贫，瞄准建档立卡贫困人口精准发力，提高了对口支援实效。进一步加强中央单位定点扶贫工作，推动定点扶贫工作重心下沉，提高精准度和有效性，实现定点帮扶 592 个扶贫开发工作重点县市区全覆盖。军队和武警部队定点帮扶取得新进展。中央企业设立贫困地区产业投资基金、开展"百县万村"扶贫行动。民营企业实施"万企帮万村"精准扶贫行动。同时，健全社会力量参与机制，通过开展扶贫志愿活动、打造扶贫公益品牌、构建信息服务平台、推进政府购买服务等创新扶贫参与方式。

大力开展宣传培训活动，营造社会参与氛围。2014 年，国务院将 10 月 17 日确定为国家扶贫日，每年组织开展扶贫日系列活动。建立扶贫荣誉制度，设立全国脱贫攻坚奖，表彰脱贫攻坚模范，激发全社会参与脱贫攻坚的积极性。持续开展习近平总书记关于扶贫工作重要论述学习宣讲活动，宣传培训中央关于脱贫攻坚的基本方略与决策部署，增进了党政干部和社会各界对于脱贫攻坚重大战略意义、理论方法的认识，提高了精准扶贫能力。通过总结和宣传典型案例、典型经验，推进了各地的经验交流和创新模式推广。形式多样的评比和宣传活动，营造了全社会共同参与脱贫攻坚的社会环境。

社会扶贫体系的不断拓展完善，构建了社会扶贫"人人皆愿为、人人皆可为、人人皆能为"的参与机制，体现了我们党独一无二的强大社会动员能力。

五、不断提升各地各部门的贯彻落实能力

党中央的决策部署的层层落实，最终体现为贫困人口脱贫、贫困县摘帽、解决区域型贫困的目标实现等，各地各部门的贯彻落实能力实际上构成了中国共产党执政能力的重要内容，主要体现在增加投入、完善政策、严格考核、加强监督、作风能力建设等方面。

（一）建立与脱贫任务相适应的投入体系

2014年，《关于创新机制扎实推进农村扶贫开发工作的意见》提出，以扶贫攻坚规划和重大扶贫项目为平台，整合扶贫和相关涉农资金，集中解决突出贫困问题，以及充分发挥政策性金融的导向作用，支持贫困地区基础设施建设和主导产业发展。随后在《关于打赢脱贫攻坚战的决定》中，中央要求积极开辟扶贫开发新的资金渠道，确保政府扶贫投入力度与脱贫攻坚任务相适应。同时，倡导在扶贫开发中推广政府与社会资本合作、政府购买服务等模式，鼓励和引导商业性、政策性、开发性、合作性等各类金融机构加大对扶贫开发的金融支持。在"十三五"脱贫攻坚规划中，中央继续提出广泛动员社会资源，充分发挥竞争机制对提高扶贫资金使用效率的作用。党中央科学的顶层设计，确保了政府投入的主体和主导作用，稳步增加金融对脱

贫攻坚的投放和支持，逐步建立起了运转有效、保障有力的脱贫攻坚投入体系。近年来，投入到脱贫攻坚的各类资金超过万亿元，奠定了贯彻落实中央决策部署的投入基础。

（二）完善政策体系

2015 年，中共中央、国务院印发《关于打赢脱贫攻坚战的决定》，明确实施精准扶贫方略、加快贫困人口精准脱贫的政策举措，包括健全精准扶贫工作机制、发展特色产业脱贫、引导劳务输出脱贫、实施易地搬迁脱贫、结合生态保护脱贫、加强教育脱贫、开展医疗保险和医疗救助脱贫、实行农村最低生活保障制度兜底脱贫、探索资产收益扶贫、健全特殊人群关爱服务体系等。这份文件成为指导脱贫攻坚的纲要性文件。2016 年，国务院印发"十三五"脱贫攻坚规划，继续提出有关产业发展脱贫、转移就业脱贫、易地搬迁脱贫、教育扶贫、健康扶贫、生态保护扶贫、兜底保障等方面的政策规划。同时，为进一步细化落实中央决策部署，中共中央、国务院，中央和国家机关各部门出台政策文件或实施方案 200 多个，涉及产业扶贫、易地扶贫搬迁、劳务输出扶贫、交通扶贫、水利扶贫、教育扶贫、健康扶贫、金融扶贫、农村危房改造、土地增减挂钩、资产收益扶贫等方面，奠定了贯彻落实中央决策部署的政策基础。

（三）实行最严格的考核评估

精准扶贫精准脱贫，最终要落实到脱贫攻坚总体目标的实现成色和人民群众的获得感、满意度上。为确保脱贫成效精准，脱贫成果经得起历史和实践检验，中共中央办公厅、国务院办公厅印发《省级党委和政府扶贫开发工作成效考核办法》，从 2016 年到 2020 年，国务院扶贫开发领导小组每年开展一次考核。主要涉及减贫成效、精准识别、精准帮扶、扶贫资金使用管理等方面内容。在 2016 年对上年度工作进行试考核基础上，2017 年组织实施正式考核。从 2017 年开始，经党中央、国务院同意，对综合评价好的省份通报表扬，对综合评价一般或发现某些方面问题突出的省份，约谈省分管负责人，对综合评价较差且发现突出问题的省份，约谈省党政主要负责人。各地均开展了省级考核评估和整改督查巡查，对整改责任不到位、整改措施不精准、整改效果不明显的进行严肃问责。严格考核评估奠定了贯彻落实中央决策部署的质量基础。

（四）加强脱贫攻坚监督

良好的政策设计，需要结合有力的落实举措才能真正体现出预期的成效。脱贫攻坚涉及面广域宽，如何狠抓落实，解决实际工作中面临的突出问题，对于政策效能的充分显现可谓至关重要。为此，脱贫攻坚的顶层设计着力建设完备的监督体系，包括由国务院扶贫开发领导小组组织的督查和巡查、民主党派监督和社会监督三个方面。首先，2016 年，中共中央办公厅、国务院办公厅联合印发《脱贫攻坚督查巡查工作办法》，该办法对中西部 22 个省（自治区、直辖市）党委和政府、中央和国家机关有关单位脱贫攻坚工作的督查和巡查工作进行了规定。由国务院扶贫开发领导小组根据当年脱贫攻坚目标任务，制定年度督查计划，督查内容涉及脱贫攻坚责任落实情况，专项规划和重大政策措施落实情况，减贫任务完成情况以及特困群体脱贫情况，精准识别、精准退出情况，行业扶贫、专项扶贫、东西部扶贫协作、定点扶贫、重点扶贫项目实施、财政涉农资金整合等情况，督查结果向党中央、国务院反馈。督查坚持目标导向，着力推动工作落实。其次，国务院扶贫开发领导小组根据掌握的情况报经党中央、国务院批准，组建巡查组，不定期开展巡查工作。巡查坚持问题导向，着力解决突出问题。巡查的重点问题包括：干部在落实脱贫攻坚目标任务方面是否存在失职渎职，不作为、假作为、慢作为，贪占挪用扶贫资金，违规安排扶贫项目，贫困识别、退出严重失实，弄虚作假搞"数字脱贫"，以及违反贫困县党政正职领导稳定的纪律要求和贫困县约束机制等情况。实践证明，脱贫攻坚的督查巡查，为各项决策部署和工作目标的落实提供了保障，解决了一些实际工作中存在的问题，保证了脱贫攻坚体系的执行力。此外，党中央开展脱贫攻坚专项巡视，加强审计、财政等部门和媒体、社会等监督力量的全方位合作，综合运用各方面监督结果，切实加强对各地工作指导。设立 12317 扶贫监督举报电话，畅通群众反映问题渠道，接受全社会监督。全方位的脱贫攻坚监督奠定了中央决策部署贯彻落实的效能基础。

（五）持续推进作风和能力建设

扶贫领域作风总体是好的，但形式主义官僚主义、虚假脱贫数字脱贫、消极厌战、松劲懈怠等问题不同程度存在，有的还十分突出。这些问题不解决，不仅影响脱贫攻坚有效推进，而且损害党和政府形象。党中央持续加强作风建设，深化扶贫领域腐败和作风问题专项治理，重点解决频繁填表报数、多头重复考核督查、文山会海、飞行调研等突出问题，进一步减轻基层负担。为此，有关方面持续加强能力建设，深入推进脱贫攻坚干部培训，对县级以上领导干部，重点提高思想认识，树立正确政绩观，让其掌握精准扶贫脱贫方法论，增强研究和解决攻坚难题的能力；对基层干部，主要采取案例教学、现场教学等培训方式，增强精准扶贫精准脱贫工作能力。同时，着力培育贫困村创业致富带头人，回引本土人才，培育"不走的工作队"。不断加强的扶贫干部队伍作风和能力建设奠定了中央决策部署贯彻落实的效率基础。

六、开展脱贫攻坚民主监督

"充分发挥各民主党派、无党派人士在人才和智力扶贫上的优势和作用"，是《关于打赢脱贫攻坚战的决定》中提出的明确要求。作为参政党，在任务艰巨的脱贫攻坚战中，各民主党派既是监督者，也是参与者。参与脱贫攻坚、服务精准扶贫，成为各民主党派的重要职责和使命。

"人心齐，泰山移。"长期以来，各民主党派始终把参与扶贫开发作为重要政治任务，在助力贫困地区脱贫的道路上探索前行。

1988年2月，中共中央统战部、国家民委与各民主党派中央、全国工商联联合成立了智力支边协调小组，有计划有组织地开展支边工作。同年，各民主党派中央、全国工商联共同参与贵州毕节"开发扶贫、生态建设试验区"建设。各民主党派中央历届领导班子到毕节调研指导工作百余次之多，成员从出主意到办实事，为试验区经济社会发展和扶贫开发作出重要贡献。

各民主党派几十年在毕节试验区坚持不懈的付出，在当地人民心中留下了深深的烙印。积极参与毕节试验区的建设，只是各民主党派在全国开展各类脱贫攻坚工作的缩影。

在中共中央的领导下，各民主党派中央在定点扶贫工作上取得了积极成效。民革中央、民盟中央、民建中央、民进中央、农工党中央、致公党中央、九三学社中央、台盟中央分别承担贵州纳雍县、河北广宗县、河北丰宁县、贵州安龙县、贵州大方县、重庆酉阳县、四川旺苍县、贵州赫章县等8个县的定点扶贫任务。

民革中央对口纳雍。自1991年确定纳雍县为民革重点扶贫联系县以后，民革提出了"纳雍不脱贫，民革不脱钩，纳雍脱了贫，民革不断线"的口号，"把纳雍的事当作民革自己的事"。多年来，民革中央历任主席多次带队深入毕节和纳雍开展调查研究，指导工作。民革举全党之力帮助纳雍发展区域经济，培育支柱产业，加强基础设施建设，促进教科文卫事业发展。如今，纳雍县的经济社会发展取得长足进步，人民生活状况发生巨大变迁，生态环境得到明显改善，走出了一条贫困山区科学发展的新路子。

民盟中央对口广宗。自1991年对口联系广宗县以来，民盟中央历任领导心系广宗，先后到广宗视察指导工作。按照"沙里淘金"思路，民盟中央积极协调盟员企业家，帮扶广宗建设"城东工业园"；联合中国农业大学，建立中国农大广宗教授工作站，为广宗做科学、系统的农业规划；民盟"农村教育烛光行动"在广宗深入开展。

民建中央对口丰宁。民建与丰宁结缘始于1991年，民建中央将丰宁定为扶贫重点联系县。1994年，国务院扶贫开发领导小组确定丰宁为民建中央定点扶贫县。多年来，民建中央始终把丰宁县的定点扶贫工作作为履行参政党职能、加强参政党建设的重要政治任务。历任领导高度关心和重视丰宁的发展，10多位干部先后到丰宁挂职蹲点；专家会员充分发挥智力优势，为丰宁的发展出谋划策；企业家会员结合丰宁实际参与建设，积极助推丰宁发展，为丰宁发展积极争取政策支持，协调推动重大项目。

民进中央对口安龙。自2009年与安龙县确立帮扶关系以来，民进中央发挥自身优势，为安龙县的脱贫攻坚发挥了巨大作用。在教育扶贫上，推动建立长效教育帮扶机制，民进中央协调开明慈善基金会、民进多地的地方组织及相关社会力量，积极参与安龙县对口帮扶工作。在产业扶贫上，建立利益联结机制，为助力安龙县产业扶贫，实现绿色发展，民进中央积极帮助引进项目，促进农产品产销合作。在医疗扶贫上，民进医疗专家与基层医院共同实践摸索，逐渐形成了符合地方需要的精准医疗扶贫形式。

农工党中央对口大方。从20世纪80年代中期，农工党中央就启动了对毕节地区和大方县的帮扶工作。从历届农工党中央主席到各级各地农工党组织，从医卫帮扶、科技兴农、园区建设到产业发展、人才培训、助学助教等工作，农工党情系乌蒙，爱洒大方。30多年的倾心付出，农工党中央不仅与大方县人民共同谱写了探索科学发展道路、向贫困宣战的雄壮乐曲，也成了多党合作推动改革开放和现代化建设的成功范例。

致公党中央对口酉阳。自1991年致公党赴酉阳县开展"智力支边、科技扶贫"工作以来，致公党中央在科技扶贫、教育扶贫、医疗卫生扶贫、新农村建设、项目协调以及建言献策等各方面全力助推酉阳发展，凝聚了几代致公党人的感情、心血和付出，见证了酉阳20多年来的发展，与酉阳各族人民结下了深厚情谊。在"致酉合作"中，致公党中央发挥优势、突出重点、量力而行、注重实效、持之以恒，做到了规划先行、计划安排、资源统筹、机制建设、落实到位。

九三学社中央对口旺苍。帮扶旺苍30多年来，九三学社中央充分发挥人才汇聚优势和联系广泛特点，以科技教育扶持为主线，以项目引进为载体，以资金援助为抓手，以捐资助学为重点，积极开展科技扶贫、智力扶贫，为旺苍脱贫攻坚事业作出了重要贡献。九三学社中央把定点扶贫旺苍作为"九广合作"工作的重中之重，选派得力干部，组织优秀专家，整合优质资源，全力以赴做好帮扶工作。

台盟中央对口赫章。台盟定点帮扶赫章十几年，同心奋斗、彰显特色，形成聚台胞之力参与脱贫攻坚的独特实践。十几年来，台盟中央与各地方组织真情参与赫章帮扶，使海雀村实现了从"苦海雀"到"金凤凰"的喜人蜕变，打造了"两岸·同心"助学基金、"两岸·同心"电教室、"筑梦"系列培训等品牌项目；吸引台商投资考察，组织两岸医师义诊，使台湾同胞看到了中西部地区脱贫攻坚的巨大成就，感受到了中国梦的丰富内涵，为落实习近平总书记"两岸一家亲"的重要理念做出了有益的探索。

各民主党派中央在毕节及其他地区定点扶贫实践中，总结出了一些经验：一是以深度调研作为开展脱贫攻坚民主监督工作的基础。调研的目的在于掌握贫困地区的实际状况，向对口省区市党委政府提出切实可行的建议，向中共中央、国务院提交监督报告、专报，助力精准脱贫进程。二是集各自优势专长精准施力，调动各自联系范围内的积极因素，形成智力支持、政策扶持、招商引资、项目规划、人才培训等一整套帮扶体系。三是形成了以定点扶贫为途径，以智力支持为主线，"以建言献策、协调联络为方式，项目推动为载体，坚持定点扶贫与定向扶贫并重，建言献策与办实事并重，各自行动与整体效益并重"的工作思路。四是注重扶贫内涵，结合时代发展变化新要求，形成了从智力扶贫、产业扶贫、文化扶贫到生态扶贫等在内的全方位扶贫格局。

开展脱贫攻坚民主监督，是以习近平同志为核心的党中央作出的重大决策部署，是发挥民主监督优势、促进脱贫攻坚任务落实的制度安排。各民主党派和相关方面始终坚持正确的政治方向，准确把握民主监督性质定位，做了大量卓有成效的工作，有力助推了脱贫攻坚，促进了中国特色社会主义参政党建设，彰显了中国新型政党制度集中力量办大事、凝聚共识谋大事、相互监督成大事的优势。

第四章

坚持抓好党的
组织建设促脱贫攻坚

中国共产党有严密完善的组织体系，这是中国特色社会主义制度的独特优势，为减贫和发展注入了强劲的动力。正如习近平总书记所指出的："我们党是按照马克思主义建党原则建立起来的，形成了包括党的中央组织、地方组织、基层组织在内的严密组织体系。这是世界上任何其他政党都不具有的强大优势。"① 在脱贫攻坚战中，中国共产党将组织优势转化为发展优势和治理优势，为摆脱贫困提供了强大的组织动力。

党的十八大以来，中国共产党把扶贫开发同基层组织建设有机结合起来，不断创新、加强贫困村基层组织建设，有效地解决了一段时期内基层党组织软弱涣散的问题。中国共产党着眼于夯实党执政的组织基础，不断探索覆盖广泛、结构合理、功能健全的组织体系，推动组织建设在制度化轨道上取得新进展；以提升组织力为重点，突出政治功能，基层党组织的凝聚力、创造力、战斗力得到了明显增强，为打赢脱贫攻坚战提供了坚强的组织保证。

一、充分发挥中国共产党的组织优势

中国共产党的超强组织能力，是在革命、建设和改革的探索和实践中逐渐形成的。面对 1949 年前中国的"一盘散沙"的社会形态，中国共产党肩负起"旧邦新造"的历史使命，通过一整套严密的组织体系，逐步形成了党的组织网络与社会基层组织网络有机统一、以党组织为核心来组织和管理社会的独特治理模式。党组织的全覆盖和党的工作全覆盖，彻底改变了中国 1949 年前"一盘散沙"的社会形态，推动中国从传统社会向现代社会转型。

党的力量来自组织，组织能使力量倍增。经过多年发展，全国党的基层组织数量从 1949 年的 19.5 万个，增加到 2019 年底的 468.1 万

---

① 习近平：《在全国组织工作会议上的讲话》，人民出版社 2018 年版，第 11 – 12 页。

个，增长了23倍，全面覆盖各个领域，党员总数达到了9191.4万名。党的坚强组织体系，为党的全面领导、党的全部工作提供了重要基础。党的组织体系好比一个人的肌体，党中央是"大脑中枢"，有着定于一尊、一锤定音的权威。地方党组织是"四肢躯干"，根本任务是确保党中央决策部署贯彻落实，做到有令即行、有禁即止。党的基层组织是党的肌体的"神经末梢"，在贯彻落实中发挥领导作用，其任务是强化政治引领，发挥党的群众工作优势和党员先锋模范作用，引领基层各类组织自觉贯彻党的主张，确保基层治理正确方向。在脱贫攻坚战中，全党坚决维护党中央权威和集中统一领导，拧成一股绳、上下一盘棋，为推动社会发展注入了动力。

中国共产党的组织优势，体现为全覆盖产生的规模效应。在中国特色社会主义制度中，中国共产党密切地联系着政治经济社会领域的方方面面，汇聚起了磅礴力量。在脱贫攻坚和乡村振兴中，以村党支部为核心，整合政府、社会、企业方方面面的资源，通过党的组织动员，密切地联系着全国广大人民群众。党组织的全覆盖产生了规模效应和集聚效应，这就使得中国共产党的组织资源得到前所未有的扩大。

中国共产党的组织优势，体现为扎根基层、扎根人民。中国共产党可以说是全世界最重视基层、最重视农村的政党。《中国共产党章程》规定：党的基层组织是党在社会基层组织中的战斗堡垒，是党的全部工作和战斗力的基础。习近平总书记深刻地指出，我们的基层党组织和党员队伍，这是世界上任何其他政党都不可能具有的强大组织资源。把基层党建工作抓好了，我们的基层党组织牢不可破，我们的党员队伍坚不可摧，党的执政地位就坚如磐石，党和人民的事业就无往而不胜。一些贫困地区的经验显示，给钱给物，不如给个好支部。把基层党组织建设好，甚至要比资金和物质投入会带来更大的治理绩效，这是中国减贫的重要经验。

中国共产党的组织优势，体现为党的超强组织力。在中国的脱贫攻坚中，党特别善于发动和动员广大人民，把他们组织在各种组织之中，实现共同富裕。正如毛泽东同志所说："……我们就可以把群众的力量组织成为一支劳动大军。这是人民群众得到解放的必由之路"①。在脱贫攻坚战中，中国共产党把分散的农民组织起来，实现规模化、组织化的大农业生产，通过加强农村基层组织建设，孵化和培育农民专业合作社、志愿协会组织、社会组织等方式，有效将人民动员起来，是中国减贫的好经验。

中国共产党的这种组织优势，是在革命战争的年代逐步形成，在社会主义建设时期逐步完善的。改革开放以来，中国掀起了轰轰烈烈的农村改革。在计划经济向市场经济转型的过程中，基层组织的建设面临着许多新情况新问题。

二、正确认识党的组织建设面临的新挑战

中国特色社会主义进入新时代。经过中华人民共和国 70 余年，特别是改革开放 40 多年来的发展，中国的农村发生了巨大变化。党的基层组织建设也出现了不同程度的分化，总体上，面临许多新的挑战。

（一）农村基层管理制度变化的新挑战

习近平总书记 1988 年在福建工作期间就注意到："农村实行家庭联产承包责任制后，相对集中的生产活动、社会活动减少了，但这不是一盘散沙，各干各的，各顾各的。改革之后，更需要一种凝聚力，把大家、把千百户农民吸引到一起，发展商品生产。千百万农民的团结奋斗共同努力是脱贫致富的根本条件。讲凝聚力，必须讲核心，农村脱贫致富的核心就是农村党组织。我们的农村党组织能否发挥这样的核心作用，直接关系到脱贫致富事业的凝聚力的强弱。"② 习近平

---

① 《毛泽东选集》第 3 卷，人民出版社 1991 年版，第 932 页。
② 习近平：《摆脱贫困》，福建人民出版社 1992 年版，第 159－160 页。

总书记强调："很多贫困村面临着经济功能薄弱、基础设施滞后、人才持续流失、陈规陋习严重等问题，特别是基层组织力量薄弱，难以发挥带领群众脱贫致富的战斗堡垒作用。"①

（二）基层党组织建设依然任重而道远

目前，中国农村还有相当一部分贫困村的基层组织处于软弱涣散的状态。按照 2014 年 4 月底的统计，全国共排查出软弱涣散村党组织 57688 个，占村党组织总数的 9.6%。农村基层党组织的软弱涣散与农村贫困存在高度的相关性。有 87.76% 的党组织软弱涣散村是贫困村，存在"软、散、乱、穷"等问题。一些地方，贫困村中有 70% 左右的党支部发挥战斗堡垒作用较差，其中 20% 长期瘫痪。

（三）部分村党支部的领导核心地位不明确

一段时间内，由于党章和党内法规未加以明确，有些贫困村的"两委"关系不协调，工作难以形成合力。很多贫困村的村班子存在着不同程度的不团结现象，内耗严重。一是"两委"责权不清晰。有的村对党支部和村委会各自的责权没有规定，导致"两委"职责不明，权力不清，产生矛盾和摩擦。特别是涉及财权物权的归属问题、村办企业法人代表的变更问题等，成为"两委"争论的焦点。二是少数村干部不能摆正"两委"关系，有的主持村委会工作不向党支部通气汇报，缺乏党的领导意识，甚至凌驾于党支部之上，导致"两委"关系紧张。三是无钱为群众致富办实事。贫困村的集体经济和合作社发展普遍比较薄弱，党支部缺乏领导群众发展经济和脱贫致富的能力。党组织办点事情，都要向群众要钱，出现群众有事找大户，而不找党支部的现象。有的村出现大户强人当家、家族势力当家，而党支部没有威信。有的村委会主任觉得自己独立行使管理村务的权力被剥

---

① 中共中央党史和文献研究院编：《习近平扶贫论述摘编》，中央文献出版社 2018 年版，第 44 页。

夺，甚至与村支部公开对抗，影响村级工作的开展。

（四）部分村干部能力不足

实行精准脱贫的国家战略，增加了"精准识别""精准施策"等很多技术治理的要求，对基层治理的精细化和法治化水平提出了非常大的考验。然而，很多贫困村的"两委"班子根本无能为力。仅仅依靠当地的农村党组织已经难以承担脱贫攻坚的重任，需要发挥各领域党组织的整体协作和组织协同能力。① 在实践中，空降的驻村工作队队长兼任村党支部第一书记。但第一书记拥有的权力是原来"两委"班子临时让渡出来的，驻村工作队要想开展工作，没有村"两委"班子的支持可谓寸步难行，第一书记承担的实际上还是驻村工作队的帮扶责任，局限于帮扶事务，无形中给工作队扎根发展、深入脱贫工作增添了难度。但一段时间内，各个领域的基层党组织共建共享、协作互帮的意识不够强，仍然还是以辖区或行业等行政体系来推动扶贫工作，大大制约了党组织在中间发挥的作用。

（五）部分村党支部政治功能弱化

在一些地区，村党支部行政化问题严重，村党支部除了抓上面交办的工作，对农民思想政治工作很少过问，精神文明建设严重滞后。党在农村的方针政策很少直接传达到村民，甚至有的干部也不清楚，个别党员还存在信教的情况。青年农民只追求经济目标，政治热情降低，理想信念淡薄，对入党缺乏追求，一些村要求入党的人，不是越来越多，而是越来越少。有的村干部认为，村民发展经济要靠个人，能不能挣来钱是村民自己的事，发展则"八仙过海，各显神通"，村庄只要稳定，发展问题上顺其自然就可以了。村"两委"班子并没有担负起村庄经济发展的担子，也没有突破狭隘的自我发展观，没能带

---

① 刘建生等：《"双轨双层"治理：第一书记与村两委的基层贫困治理研究》，《中国行政管理》2019 年第 11 期。

动村民集体脱贫致富。① 一些基层办事不公、优亲厚友、徇私枉法、贪污腐败，出现了"小村大腐""小官大贪"等问题。

（六）一些农村地区党员教育管理急需加强

新形势下，村党组织对党员的教育和管理，从内容到形式都还处在探索过程中，旧的思想政治工作方式失灵了，而新的一套方式方法没有建立起来，形成空档。贫困村党组织普遍存在党员年龄偏大，文化偏低，接受新事物、新知识慢等问题，好多党员也处于贫困状态，无力带领群众致富，体现不出党员的先进性；有些党员混同于一般群众，认为"种好责任田，就是好党员"，党员光荣感、责任感和党的观念淡化，先锋模范作用发挥不好；还有一些党员思想意识落后，少数党员迷恋赌场，参与赌博，有的道德败坏，腐化堕落。贫困村中组织软弱涣散或者班子不健全，相当多的贫困村党支部领导班子成员情绪低落，处于应付工作的状态；党员外出做工经商多，流动性大，出现组织生活"人员难集中、时间难统一、活动难开展"的情况。

可以看到，上述这些问题如果不能解决，中国共产党的组织优势就难以有效发挥。基层党组织的战斗堡垒作用就不强，党的领导作用就无法实现，势必影响脱贫攻坚的大局。在脱贫攻坚中，如何夯实党的执政基础，强化基层组织是我们党面临的新任务。

三、切实加强贫困地区农村基层组织建设

打赢脱贫攻坚战的大量任务在基层，推进扶贫工作的责任主体在基层，落实党对扶贫工作领导的基础工作也在基层。农村基层党组织的作用如何，直接关系到减贫的成效。各级党组织尤其是贫困村基层党组织，作为精准扶贫的重要组织者、实施者和推动者，是党推动脱

① 王蕾、李爱华：《深度贫困村共性问题及脱贫发展策略探究》，《石家庄职业技术学院学报》2019 年第 10 期。

贫攻坚工作和战斗力的基础，是贯彻落实党的扶贫开发工作部署的战斗堡垒，如何夯实组织基础、健全乡村组织体系，是决定脱贫攻坚成败的关键。

农村基层是打赢脱贫攻坚战的前沿阵地。基层党组织是我们党在基层阵地上的堡垒，堡垒强则阵地坚，堡垒弱则阵地失。切实加强贫困地区农村基层党组织建设，使其成为带领群众脱贫致富的坚强战斗堡垒，对打赢脱贫攻坚战至关重要。习近平总书记指出："基础不牢，地动山摇。农村工作千头万绪，抓好农村基层组织建设是关键。无论农村社会结构如何变化，无论各类经济社会组织如何发育成长，农村基层党组织的领导地位不能动摇、战斗堡垒作用不能削弱。"① 通过抓党建促脱贫攻坚，贫困地区基层组织得到加强，贫困治理能力明显提升。

（一）抓住健全乡村组织体系这个关键

党组织有没有力量，关键在于组织体系建设是否严密有力。党的组织体系严密，党组织的吸引力、战斗力也就得到增强；如果组织体系松散，党组织的凝聚力、号召力便会削弱，党在群众中的威信也会受到损害。提衣提领子，牵牛牵鼻子。办好农村的事，要靠好的带头人，靠一个好的基层党组织。要抓住健全乡村组织体系这个关键。打赢脱贫攻坚战，要着力构建覆盖广泛、结构合理、功能健全的乡村组织体系。

党的十九大报告提出，党的基层组织建设要"以提升组织力为重点"的重要任务。习近平同志特别指出，基层组织功能定位清不清晰、职责划分明不明确、组织设置健不健全、班子配备得不得力、工作运转有不有效，决定着基层基础是否牢固。健全乡村组织体系，就是要把握好横向层面和纵向层面的各种组织关系，形成精简高效的基

---

① 《十八大以来重要文献选编》（上），中央文献出版社 2014 年版，第 684 页。

层管理体系，保证党的政策的有效执行。

提升党的组织力，首先要明确党组织在基层工作中的领导地位。在脱贫攻坚和乡村振兴中，乡镇和村党组织处于总揽全局、协调各方的领导地位，是基层脱贫攻坚的领导核心。在各类基层组织中，党组织是核心；加强基层组织建设，重点是加强基层党组织建设；基层党组织凝聚力、战斗力强了，就能把党的力量、党的主张传递到"末梢神经"，就能协调带动各类基层组织实现功能互补、良性互动。党的十九大修改党章，特别明确了乡、镇党的基层党委会和村党组织，领导本地区的工作和基层社会治理，支持和保证行政组织、经济组织和群众组织充分行使职权的相关规定。2018 年出台的《中国共产党支部工作条例（试行）》也明确了村党支部全面领导隶属本村、本社区的各类组织和各项工作的法定地位。同时，各地在实践中推动村支"两委""一肩挑"，目的就是强化党的领导地位。

提升党的组织力，要坚持把党支部建设作为最重要的基本建设。习近平总书记指出："农村要发展，农民要致富，关键靠支部。"[1] 在新时代，加强党的建设必须坚持党的一切工作到支部的方针，各项工作任务都要责成支部、依靠支部、检验支部。要进一步严密党的组织体系，使党支部成为基层党建及事业发展的一个动力源，而不是被动拉着走的一个组织，着力发挥好农村基层党组织在宣传党的主张、贯彻党的决定、领导基层治理、团结动员群众、推动改革发展等方面的战斗堡垒作用。基层群众常讲，"村看村、户看户、农民看支部"，"给钱给物，还要建个好支部"。中国共产党有着"支部建在连上"的光荣传统。农村党支部是推动脱贫攻坚工作的重要基础，党的一切口号、主张、政策，只有依靠党组织，才能真正深入到群众中去。

提升党的组织力，要创新优化组织配置，扩大组织覆盖，理顺隶属关系。面对农村社会结构和组织架构发生的变化，要加大各领域基

---

[1] 习近平：《做焦裕禄式的县委书记》，中央文献出版社 2015 年版，第 20 页。

层党组织的组建力度，理顺隶属关系，探索党支部的有效设置形式，按照产业链条、工作性质等，创新设立党支部。确保哪里有党员哪里就有党的组织、哪里有党组织哪里就有健全的组织生活和党员作用的充分发挥。新修订的《中国共产党支部工作条例（试行）》规定："结合实际创新党支部设置形式，使党的组织和党的工作全覆盖。"在实践中，要特别抓好农民合作组织等薄弱领域党建工作，加大农民工党建工作力度，重视在农民群众中发展党员，加强对农民工党员的服务管理。构建全方位覆盖的基层组织治理网络。例如，广西钦州市为了解决"村委做不到、镇委管不到"的"真空"环节，创新党建工作站模式，在乡镇与行政村中间层级设置片区党建工作站，每个乡镇按照地理位置相近、交通条件相通、风土人情相似的原则，将所辖村划分为若干片区，每个片区在中心村设置一个工作站，负责协助乡镇级党委管理片区内的 3～5 个村委，强化了基层党组织的管理和服务力量。实践表明，村级组织的工作和活动需要整合本村的资源搞好"自转"，也需要通过适当的外部干预加强"公转"，使之能够在更多的指导协调和督促推动中，增强活力、提高实效，从而构建起各司其职、各负其责的乡村组织运转体系。

（二）精准推进基层组织功能建设

中国共产党是一个政治组织，政治属性是党组织的根本属性，政治功能是党组织的基本功能。基层党组织，既要建设服务型党组织，也要强调政治功能。政治功能是基层党组织的魂，服务功能是基层党组织的根，二者统一于中国共产党的根本性质和宗旨。二者是一致的、统一的。只有强化政治功能，才能更好地发挥服务功能；只有强化服务功能，才能使政治功能发挥更充分更有利。在脱贫攻坚中，要强化政治功能，发挥服务功能。

突出政治功能，要强化政治引领，教育引导群众。党的政治功能，体现在政治理想、政治方向、政治道路等多方面，为基层社会提供正确的方向感、价值观。针对近年来一些基层党组织政治功能弱化的倾向，党的十九大报告在党的建设总要求中，鲜明地提出了把党的政治建设放在首要位置。建设基层党组织，要突出政治功能、强化政治属性。在脱贫攻坚中，也存在有的贯彻执行党的路线方针政策不坚决、不到位，甚至上有政策、下有对策；有的思想政治工作淡化了，不会不愿做群众工作，不敢教育群众、引导群众；有的推动发展和凝聚人心的作用发挥不力；等等。这些问题显示出，基层党组织建设，不能变成纯服务的组织，还要发挥其政治功能。发挥党组织的政治功能，就是要增强坚持政治方向的坚定性。当前，最重要的就是抓好思想理论建设。基层党组织要教育引导党员、干部和群众深入贯彻习近平新时代中国特色社会主义思想，增强对中国特色社会主义的思想认同和政治认同。坚持不懈用科学理论武装基层党员干部和广大群众的头脑，坚定信仰信念信心，提高思想理论素质，将政治信念转化为改造主客观世界的强大武器。

突出政治功能，要持续用力整顿软弱涣散党组织。在脱贫攻坚中，一些基层组织软弱涣散，是基层党建的瓶颈制约。要进一步加大整顿转化力度，建立动态管理机制、责任倒逼机制、综合治理机制。党的十八大以来，在全国 7.7 万个软弱涣散村（社区）党组织中，已有 97.1% 得到不同程度的转化提升。还以每年按照 5%～10% 的比例倒排一批软弱涣散基层党组织进行集中整顿。全国共调整 5000 多名贫困村党组织书记。对软弱涣散村，要着力解决党组织班子配备不齐、党组织书记空缺或不胜任，村级管理混乱、矛盾纠纷集中，宗族势力干扰村务、黑恶势力活动猖獗，以及基层干部不作为、乱作为等损害群众利益问题。充分发挥纪检机关和组织、政法、民政、农业等部门作用，对问题突出的进行专项整治。要采取本村选、上级派、加强培训等方式，确保贫困村带头人个个过硬。要精准确定后进基层党组织存在的问题，针对班子不强、机制不好、发展落后等不同"病根"，"一支一策"量身定制整改措施，整改不到位不罢手，党员群众不满意不收兵。同时，作为第一书记和驻村工作队的一项重要任务，要通过一村一策，加强党组织整顿建设。对一些仅靠乡、村或第一书记难以解决的问题，上级党组织要抓好专项整治。① 要推行基层党组织评星定级的做法，建立健全基层党组织分类定级、整顿提升的长效机制。

要建设服务型支部，提高服务群众的能力。打赢脱贫攻坚战，基层党组织要发展经济、改善民生，建设服务型党支部。村级党组织担负着组织群众、宣传群众、凝聚群众、服务群众的职责。在任何时候、任何环境和任何条件下，党的组织和党员都必须坚持服务群众，这是党的基层组织建设乃至整个党的建设的永恒主题。全心全意为人民服务是中国共产党的根本宗旨。党的十八大报告提出，要以服务群众、做群众工作为主要任务，加强基层服务型党组织建设。2014 年 5 月，中共中央办公厅印发了《加强基层服务型党组织建设的意见》，明确提出：要推动基层党组织在强化服务中更好地发挥领导核心和政治核心作用，使党的执政基础深深植根于人民群众之中。为了党长期执政、更好执政，基层党组织的工作必然围绕这个根本目的来开展。建设基层服务型党组织，是基层党组织功能上的一个要求，目的是使基层党组织的领导方式、工作方式、活动方式更加符合服务群众的需要，通过服务更好地贴近群众、团结群众、引导群众、赢得群众，更好地发挥基层党组织的政治功能。但基层党组织是战斗堡垒，不能变成纯服务的组织，它的政治功能要充分发挥。支部应当成为直接和经常把党同群众联系起来的党组织的基层细胞，要有效地引导群众广泛参与扶贫工作。

（三）探索实践组织结对共建模式

中国共产党组织覆盖各个领域各个部门，形成了独特的组织覆盖和组织能力。在新时代开展脱贫攻坚，就是要把各部门各行业的优势发挥出来，在党的领导下同向发力。过去一段时间，基层党建的整体

---

① 国务院扶贫开发领导小组办公室组织编写：《脱贫攻坚政策解读》，党建读物出版社 2016 年版，第 280 页。

效果不佳，各自为政、各抓各的现象比较突出，导致很多资源浪费，难以形成合力。各个系统各个领域各个单位，看上去各自独立，但本质上相互渗透、相互贯彻、相互联结。这是实现共驻共建、互联互动的基础和起点。在新时代，要凝聚共识，引导各领域党组织打破行政隶属壁垒，破除各自为政的障碍，拆除相互封闭的藩篱，共同形成大扶贫的工作格局。

2015 年 11 月，习近平总书记在中央扶贫开发工作会议上指出，要探索各类党组织结对共建，通过贫困村同城镇居委会、贫困村同企业、贫困村同社会组织结队等多种共建模式，为扶贫带去新资源、输入新血液。加强基层组织建设，要能够实现各类基层组织的积极协同。通过各个领域内党组织的互联互动，形成整体效应，形成有效的组织协作。从各地脱贫攻坚的实践看，主要途径是组织共建、活动共联、资源共享。组织共建，就是签订共建协议，干部交叉任职、人才结对培养；活动共联，就是共同开展党组织活动，共同开展党员教育；资源共享，就是共享信息、共享阵地、共享文化、共享服务。通过发挥行业优势，有效地扩大党组织的资源外溢效应。这主要包括几种类型：

一是城乡党建结对共建。城市与乡村互帮互助，形成良性的城乡互动，就是要共同铸造城乡基层党建新引擎，形成以城带乡、城乡互促、双向受益的机制，为贫困村发展提供长效动力。例如，四川省委专门出台了《关于开展与贫困村党组织结对攻坚工作的通知》，扎实开展对口帮扶，助力实现精准扶贫。城市基层党组织，以各单位职责为导向，以项目优势为依托，采取"一对多、一对一"的方式以需求结对子，与村基层党组织开展结对攻坚，形成了"全动员、全纳入、全覆盖"的城乡攻坚共荣格局。通过结对共建活动，有效整合了城乡基层党组织的资源。

二是贫困村同企业结对共建的模式。例如，四川省煤炭产业集团公司（川煤集团）党委从 2015 年 7 月开始对四川省开江县宝石乡程家沟村和讲治镇大雄村定点帮扶，以企村党建结对共建行动为引领，实施"党组织结对联建、党员活动结对联帮、产业发展结对联促、村级治理结对联抓"举措，将国企党建优势转化为脱贫攻坚优势，着力构建企村党组织互帮互助长效机制。川煤集团党委配强驻村帮扶工作队，选派政治素质过硬、年富力强的青年干部担任驻村工作干部。党建结对共建行动与精准帮扶、结对认亲、走访慰问结合起来，达到支部互访互学、党员互融互带、工作互接互促的目的。

三是贫困村同机关部门结对共建的模式。各级机关和部门熟悉政策，掌握信息，能够为农村提供多方面的政策咨询，帮助产业发展。为此，国内一些地方的机关开展了"一对一"帮扶活动，县四套班子领导、县直机关和镇村党员干部每人都有结对帮扶的任务。对脱贫攻坚项目，明确了镇村为项目实施主体，镇党政副科级以上干部包挂到每个项目，责任落实到人，确保项目建设质量和贫困农户得益受惠。例如，党和国家的一些机关，都采取了"以购代捐爱心扶贫"项目合作方式，明确合作意向，以采购农产和贫困村、贫困户自产的农特产品等作为国家规定的法定节日时基层工会向全体会员发放的节日慰问品。

四是贫困村同社会组织结对。为了更好地发挥新社会组织、新经济组织（下称两新组织）在服务中心大局、打赢脱贫攻坚中的作用，拓展两新组织发展壮大的广阔空间，可通过精准的资源融合对接，让脱贫攻坚的效果更加突出。例如，江苏省扬州市民政局在对口陕西省榆林市脱贫攻坚中，让社会组织异地结对帮扶，参与榆林脱贫攻坚，采取定点帮扶、对口支援、结对共建等方式，提升社会组织的服务能力，培养了一批实用技能人才，建设了一批公益服务设施。

基层党组织要领导本地区本部门本单位工会、共青团、妇女组织等群团组织，支持它们依照各自章程独立负责地开展工作。群团组织是党和政府联系人民群众的桥梁和纽带。基层党组织要重视依靠群团组织推动党的理论和路线方针政策在群众中的贯彻落实，更好践行群众路线，做好群众工作。群团组织要经常深入群众，倾听群众呼声、反映群众意愿，深入做好群众的思想政治工作，把党的决策部署变成群众的自觉行动，把党的关怀送到群众中去。这一系列的实践，充分体现了在党的领导下，社会主义大协作的制度优势。

（四）健全基层组织支持保障体系

目前基层党组织既有空白盲区的问题，也有设置不合理的问题，但更重要的还是缺乏资源和能力来为群众提供服务。面对繁重的脱贫攻坚任务，基层干部普遍面临待遇相对较低、办公条件差、职业发展有瓶颈、任务压力较大等问题。如果不解决基层干部动力和能力问题，就会影响干部干事的积极性。在脱贫攻坚中，习近平总书记特别要求："各级都要重视基层、关心基层、支持基层，加大投入力度，加强带头人队伍建设，确保基层党组织有资源、有能力为群众服务。"要赋予基层相应权力，既要给基层下达"过河"的任务，又要帮助基层解决"桥"和"船"的问题，并在人力、物力、财力上向基层适当倾斜，形成人往基层走、钱往基层投、事在基层办的鲜明导向。要针对基层组织办公条件差和基层干部待遇较低、任务繁重、动力不足等问题，强化贫困地区基层党组织建设基础保障，把健全基层组织、支持保障体系作为一项经常性基础性工作来抓。

要抓好以村党组织为核心的村级组织配套建设，完善村级组织运转经费保障机制。在脱贫攻坚中，面向基层组织的人财物投入要向贫困村倾斜。要加大经费投入，健全以财政投入为主的稳定的经费保障制度，统筹安排贫困地区的项目、资金等资源，做到集中用力，精准发力，通过财政转移支付和党费支持等办法，保障村干部报酬、村办公经费和其他必要支出，解决村级组织经费运转的问题。根据调查，村级组织维持正常运转年均开支要 7 万～8 万元，其中，村办公经费（包含党组织工作和活动经费）2 万元，3～5 名村干部的报酬待遇（含若干村民小组长工作补贴、离职村干部生活补贴）4 万～5 万元，村内公共服务的基本支出（如环境综合治理、水利设施维护、治安巡逻等）1 万～2 万元。在一段时间内，中央和省级财政转移支付村的缺口较大，挤占和压缩了村干部的报酬。按照中共中央组织部《关于加强村党支部书记队伍建设的意见》规定，按照不低于当地农村劳动力平均收入水平，确定村党支部书记的基本报酬。在脱贫攻坚中，要推动贫困村村级组织办公经费和村干部报酬待遇的落实，发放好村党组织书记基本报酬。不仅解决村正职干部工作报酬问题，还解决村副职干部、专职党务工作者报酬问题；不仅解决村干部的工作报酬问题，还解决基本养老、医疗保险等社会保障待遇和补贴的问题，建立村干部报酬合理正常增长机制。例如，云南省沧源佤族自治县为改善贫困村干部待遇，按照"在岗有待遇、干好有前途、创业有扶持、离任有保障"的原则，县财政按照每人每年 1000 元的标准给予村干部基本养老保险缴费补助，按照当年农村居民医疗保险标准给予村干部医疗保险个人缴费部分全额补助。还要加大绩效考核力度，各村可从"强基惠农"股份合作经济收入中拿出一定资金作为村"两委"委员的绩效奖励。

要完善村级组织活动阵地及服务设施。在脱贫攻坚中，要大力拓展村级阵地功能，优化村级活动场所功能设置，提高使用效益，为基层开展服务、推进治理提供必要手段和良好条件。针对一些乡镇和村级组织活动场所年久失修，办公无场所、食宿无条件、作用发挥差的问题，要投入真金白银，切实提供实实在在的保障。各地阵地建设的经验表明：村级阵地要围绕构筑凝聚党心民心，强化党组织阵地政治功能和服务功能。村级阵地建设要注重务实管用、贴近百姓。从老百姓最期盼的"关键小事"出发，在村一级推进阵地功能再造、流程再造和形象再造。要配套建设文化活动室、卫生室、农技服务室等直接服务群众的设施，丰富群众的文化精神生活，为群众提供务实便捷的服务。村级党组织活动场所要注重标准化，运行要规范化，使用要经常化。要丰富党建元素。把阵地建设成为开展主题宣讲活动、传播党的声音、弘扬正能量、切实把党的方针政策传播发扬的场所。在贫困村阵地建设中，要注重标准化建设，办公办事区要按照"集中办事、方便群众"的原则优化，打造综合全科办事平台，建立一窗受理、集成服务的模式；公共活动区要贴近群众特点，空间布局和功能设计等要注重服务群体的差异性，进行个性化打造，主动调动群众的积极性，打造独具特色的品牌；宣传展示区要让党建品牌"亮"起来、党建元素"美"起来，体现本村特有的文化元素。在建设过程中，要坚持资源整合、平台共享，避免资源的浪费。

要让基层组织集中精力做好基层治理和服务群众工作。"上面千条线、下面一根针"，从中央到乡镇，各级安排部署的工作千头万绪，但都要从村一级的"针眼"中穿过。村级党组织承担的任务繁重，头绪繁多，各类工作台账、各类证明纷繁复杂，许多考评最终还是会转嫁到村的头上。村党组织很多时候承担着与其职责、能力、资源不匹配的事项。为此，在贫困治理中，要严格落实涉村工作事项清单及准入制度，进一步厘清村党组织、村委会的基本职责有哪些，协助上级党委政府的工作事项有哪些。相关事项范围、办理流程、所需资料等，要在办公办事区域挂图上墙。有的地方创新推出了"红色代办"服务，打造村级"红色跑腿队"，帮助村民提供代办服务，对代办事项"一竿子插到底"全程负责。

四、把夯实农村基层党组织同脱贫攻坚有机结合

抓党建促脱贫攻坚是中国解决贫困问题的好经验，要义在于把夯实农村基层党组织同脱贫攻坚有机结合起来。抓党建促脱贫攻坚，就是要坚持基层党建工作与脱贫攻坚工作的双推进，找准党的基层组织建设与扶贫开发工作的结合点，把基层党建与扶贫开发的目标任务融合在一起，把抓党建促脱贫攻坚的重心放在除"贫"根、去"困"源上，确保扶贫开发工作做到哪里，基层党组织工作就拓展到哪里，实现党的建设与扶贫开发的"无缝对接"。要建立党政同责、部门联动的工作机制，坚持做到把精准扶贫与加强基层党建工作同研究、同部署、同推动、同考核，定责任、定目标、定时限，形成上下联动、各方配合、齐抓共管的扶贫工作大格局。

抓党建促脱贫攻坚的效果，取决于党建与脱贫攻坚是否能实现有

机结合。要切实避免"两张皮"的现象，把党建与脱贫攻坚"两张皮"拧成一股绳。在实际工作中，过去一些党建工作与扶贫工作在一定程度上存在着"两张皮"现象，就扶贫抓扶贫，就党建抓党建，导致资源整合难，机制不顺畅。在抓党建工作中，工作没有向脱贫攻坚聚焦、力量没有向脱贫攻坚集中。新修订的《中国共产党农村基层组织工作条例》规定："党的农村基层组织应当动员和带领群众全力打赢脱贫攻坚战，如期实现脱贫目标，巩固发展脱贫攻坚成果、防止返贫，组织发展乡村致富产业，推动农民就业创业，教育引导农民既'富口袋'又'富脑袋'，依靠自己的辛勤劳动创造幸福美好生活。"① 为此，农村基层党组织要把脱贫攻坚作为中心任务，找准党组织发挥作用的切入点和着力点，使得党建真正融入扶贫。

（一）组织发展乡村致富产业

贫困村基层党组织的中心工作是增加农民收入，组织发展乡村致富产业。不能简单地认为，乡村致富是农民个人的事，农民致富要靠大户。贫困村基层党组织是否具备组织发展乡村致富产业的能力，关系到党是否能够凝心聚力，是否能够产生威信。当前，贫困村农民增收面临着一系列瓶颈制约。贫困村党组织成员平均年龄偏大、文化程度偏低，体力精力和思想观念跟不上上级有关工作要求，带头致富、带领群众共同致富的能力不强，处理复杂问题能力弱，在对接项目资金、争取政策扶持等方面思路不够开阔，与脱贫攻坚的要求、广大群众的期盼之间仍有一定的差距。由于贫困村自身条件的限制和创业能人的缺乏，龙头企业难以引进，村级集体经济依然薄弱，有的村无资产、无资源、无资金，发展村级集体经济面临的困难多，大部分村集体经济收入也普遍比较少；另一方面，贫困村主导产业培育难，农民收入增长缓慢。由于投入有限，农户分散经营，贫困村富民产业培育

---

① 《中国共产党农村基层组织工作条例》，中国法制出版社 2019 年版，第 26 页。

规模不大、竞争力不强，农民培训的科技含量和覆盖率还远远不够，企业活力和经济效益不高，贫困群众增收效果不明显。

农村党组织要把发展壮大集体经济作为主要任务。现阶段，加快发展是农村群众最大的期盼。坚持党的领导，加强党的建设，要为群众办的最大实事就是带领村民发展经济，让日子越过越红火。党的十八大以来，各地把发展壮大村级集体经济作为基层党组织一项重大而紧迫的任务，鼓励和支持村级组织利用自身优势，探索创新村级集体经济发展模式、经营方式，深入推进农村集体产权制度改革，稳步推进农村"三变"改革，盘活农村闲置资源，推动农村一二三产业融合发展，因地制宜发展壮大村级集体经济，增强集体经济"造血"功能和内生动力。党的十八大以来，全国农村集体经济组织账面资产总额由 2012 年的 2.18 万亿元增长到 2017 年的 3.44 万亿元，为打赢脱贫攻坚战、实施乡村振兴战略奠定较为扎实的基础。

发展壮大村级集体经济是增强村集体凝聚力、向心力和增加农民收入的重要途径。习近平总书记在福建工作时就提出，扶贫要注意增强乡村两级集体经济实力。乡村集体经济实力薄弱是基层工作活力不足的症结所在。弱化的集体经济如泥菩萨过河，自身难保，既无力兴办农村社会福利和社会保障事业，也无力满足群众的文化生活需要。只有不断壮大乡村两级集体经济，才能有效地兴办集体公益事业，发展教育事业，活跃农村文化生活，为农村精神文明建设提供物质基础。在扶贫中要注意增强乡村两级集体经济实力，这不只是一种思想认识问题，也不能光停留在口头上，更要把它化为切切实实的行动。要以县为单位，制定乡村两级集体经济实力发展规划。立足自己的优势，将发展目标、对策与措施具体化，并使之可行。

村支班子要有市场意识和市场观念，要有带领村民参与发展的能力，做富农民生活。要深入推进产业富民、改革富民，增加生产经营性收入。贫困村党组织的中心任务，是做大扶贫产业，实现乡村产业振兴，抓实村级集体经济发展。要鼓励村党组织领办创办各类合作社，将更多的贫困户纳入其中，提高其脱贫致富的本领，增强其自我发展的动力，充分发挥党组织和党员在产业发展中的引领带动作用。从新产业新业态、产业融合和农业内部等方面开拓农民增收新渠道、挖掘新潜力、培育新动能，促进农民收入持续较快增长。要通过农村产业转型发展，在生态经济和现代农业等领域内创业，在发展绿色经济过程中注重与扶贫攻坚有机结合。从财产性收入来源来看，贫困户的财产性收入最主要来源于土地流转与入股分红。为此，要全面深化改革，提升农业经营效益，释放农村改革效能，构建形成农民增收长效机制。

（二）推动农民就业创业

改革开放以来，中国农村家庭的收入结构发生重大变化，以家庭经营性收入为主导的农村家庭收入结构转变为以工资性收入为主导的收入结构。从调查来看，贫困家庭的工资性收入增长速度远远高于其他收入来源。脱贫户收入来源中贡献最高的是工资性收入，占比达到49.13%。工资性收入在贫困户与脱贫户总收入中比重均为最高，农民群众兼业化现象已十分普遍，务工性收入增加，对农民摆脱贫困至关重要。"一人就业，全家脱贫。"这足以说明一份稳定收入对一个贫困家庭的重要意义。

因此，农村基层党组织就要把就业创业扶贫摆在重要位置，加大创业扶持，通过就业富民、创业富民，为农民在家门口提供更多的就业创业机会，不断强化政策体系，通过创新开展转移就业扶贫、创业扶贫、精准培训扶贫等系列活动努力创造适合贫困群众的就业岗位，让广大贫困户实现就业，有一份稳定收入，带领全家脱贫奔小康。各地的党委要加大农民就业创业的培训、扶持力度，并在建立多元经营机制过程中加强有效引导和管控。要不断完善区域经济发展的体系，引导扶持农民就业创业，促进产业结构调整升级，进一步改善就业结构和增强劳动力吸纳能力，完善就业服务体系，加强转移培训和再就业培训，帮助贫困人群实现就业。农村基层党组织要加大创业扶持力度，完善创业扶持政策。

多渠道解决贫困人口的就业问题，实现农村劳动力资源的有效开发利用，是解决工资性收入问题的关键。党组织要牵线搭桥，帮助贫困人员实现本地就业。例如，江西省寻乌县各级党组织积极推行系列帮扶措施，促进贫困劳动力有序返岗就业，坚决打赢疫情防控阻击战和脱贫攻坚战。党员干部入户听诉，摸清贫困人员就业需求；组织县、乡、村（社区）三级 3500 名党员干部联动发力，进村组、进社区，摸清贫困劳动力就业诉求，同步推送企业招工信息，鼓励贫困劳动力就业。已开展就业意愿摸排 7000 多人次，推送县内外岗位需求信息 4000 余条。按照因需设岗、因需落实的原则，为每个行政村适当增加 1~2 名公益性扶贫岗位指标，优先安排贫困劳动力上岗，并按规定申报岗位补贴。在工业园区、重点项目现场，成立 7 个临时党支部，帮助 30 个企业新吸纳 400 余名贫困劳动力就业。由各乡（镇）组织党员致富带头人、创业能人、果技人员等，通过视频连线、一对一帮扶方式，开展技能培训，提升农民群众就业创业能力。对贫困劳动力创办企业、创办农产品种养精深加工实体，由财政、金融、人社等部门通过实施贴息贷款、展期贷款等措施，给予资金支持；对符合创业担保贷款条件的，及时给予创业担保贷款扶持。通过各领域党组织的互动联动，为贫困劳动力的就业创业提供了有效的需求信息，为贫困群众拓展了收入的来源。

（三）教育引导贫困群众

中国的减贫经验，特别注重扶贫同扶志、扶智相结合。扶贫不是大包大揽，建设"高福利社会"。在脱贫攻坚中，部分贫困户主体意识不强，村党组织激发脱贫攻坚内生动力不够。有些贫困户接受新科技、新思想的能力差，无论是思维方式、生产方式还是生活方式都跟不上形势的发展。村党组织在宣传、动员贫困户脱贫方面措施不多，导致部分贫困户在缺乏自我发展能力的同时还缺乏自我发展的内生动力。一些贫困户自力更生意识薄弱，对国家扶贫政策的支持、基层干部的结对帮扶认为理所当然，"等靠要""怕脱贫""不想脱贫"思想依然存在。甚至部分脱贫户在回答家庭收入时，故意降低收入以期继续获得帮扶。这些问题的存在一定程度上增加了扶贫工作难度，影响了脱贫攻坚进程。

在脱贫攻坚战中，许多举措直接关系群众的切身利益，农村党支部要教育引导党员、干部和群众理解改革、支持改革、参与改革，积极投身改革事业，为改革贡献力量。要做好宣传引导、解疑释惑、化解矛盾等工作，积聚正能量，消解负能量，确保改革任务落实。农村基层党组织要引导群众树立自力更生、脱贫光荣的理念和志向，鼓励他们靠自身努力，通过辛勤劳动、发展产业脱贫致富，实现由"要我脱贫"到"我要脱贫"的转变。村级党支部要善于抓思想，把整治陋习、培育良俗作为增强贫困群众脱贫致富内生动力和对农民进行再教育的重要措施，并将其贯穿于 2020 年后实施乡村振兴战略的全过程。

中国共产党严密的组织体系、超强的组织优势，为中国减贫提供了坚实的组织保证。在打赢脱贫攻坚战的过程中，中国共产党通过把农民"组织起来"，实现了乡村组织体系的再造，找到了摆脱贫困的一条有效路径。习近平总书记反复强调，衡量一个地方的基层基础工作怎么样，主要不是看开了多少会议、发了多少文件，而是要看基层组织是不是实现了功能、发挥了作用，看基层干部是不是提高了素质、改进了作风，看党的路线方针政策和中央决策部署是不是落实到位、执行中有没有走样，看基层的矛盾是不是得到及时有效化解，看经济社会是不是持续健康发展、人民群众是不是得到更多实惠。中国共产党的组织建设，是领导脱贫致富事业成功的源泉。

第五章

坚持在脱贫攻坚中
落实全面从严治党要求

党的十八大以来，中国共产党充分发挥党的作风建设的优势，从治理"四风"起步，在脱贫攻坚战中持续深入推进扶贫领域腐败和作风问题专项治理，落实全面从严治党要求。贫困之冰，非一日之寒；破冰之功，非一春之暖。贫困问题的产生原因是复杂的，要在短期内消灭绝对贫困，既要有正确的领导方法，又要有扎实的工作作风。习近平总书记强调，脱贫攻坚，从严从实是要领。必须坚持把全面从严治党要求贯穿脱贫攻坚工作全过程和各环节，实施经常性的督查巡查和最严格的考核评估，确保脱贫过程扎实、脱贫结果真实，使脱贫攻坚成效经得起实践和历史检验。加强党的作风建设，始终保持党的先进性和纯洁性，保证党组织的战斗力和执行力，是中国特色社会主义制度的独特优势。中国共产党的贫困治理，有效地克服了反贫困的腐败陷阱和低效陷阱，为全球贫困治理提供了有效的中国方案。

一、把从严从实作为精准脱贫的要领

社会主义是干出来的。脱贫攻坚是硬仗中的硬仗，必须付出百倍努力。攻坚战，关键在准、实两个字。只有干得实、打得准才能有力有效。脱贫工作不能搞花架子，不能搞花拳绣腿，必须给人民交上满意的答卷。扶贫开发工作必须务实，脱贫过程必须扎实，脱贫结果必须真实。特别要在四个方面抓实。第一，领导工作要实，做到谋划实、推进实、作风实，求真务实，真抓实干；第二，任务责任要实，做到分工实、责任实、追责实，分工明确，责任明确，履责激励，失责追究。第三，资金保障要实，做到投入实、资金实、到位实，精打细算，用活用好，用在关键，用出效益。第四，督查验收要实，做到制度实、规则实、监督实，加强检查，严格验收，既不拖延，也不虚报。[①] 做好扶贫工作，尤其要拿出踏石留印、抓铁有痕的劲头，发扬

---

① 中共中央党史和文献研究院编：《习近平扶贫论述摘编》，中央文献出版社2018 年版，第 113－114 页。

"钉钉子"精神，锲而不舍、驰而不息地抓下去。

"功夫需在事上磨"。脱贫攻坚的过程，也是全面从严治党，持续整党治党的过程。在脱贫攻坚战的过程中，一些地方暴露出来的形式主义、弄虚作假、违规违纪使用扶贫资金等问题，也充分体现了全面从严治党的必要性。中央明确脱贫攻坚目标后，地方出现了两种错误倾向。一是急躁。有的地方急功近利，对脱贫目标层层加码；有的不考虑稳定脱贫，单纯计算当年收入，把贫困人口"算"出去；有的不研究帮助贫困人口增加收入的措施，简单采取"低保兜底、一兜了之"的做法。二是拖延。有的地方思想上不够重视，工作上比较被动，贫困群众满意度低。① 这两种错误倾向，都是部分领导干部政绩观不严不实的表现。打赢脱贫攻坚战，既不能太急，也不能太慢。既要能够保持紧张，积极主动作为，确保在给定时间内完成任务，又要能够稳扎稳打，真扶贫、扶真贫、真脱贫。要经得起历史检验。

脱贫攻坚，要采取科学的态度，实事求是按规律办事，谨防数字脱贫、虚假脱贫。习近平总书记在十八届中央政治局第三十九次集体学习时，对各地层层加码的行为提出了批评："各地出台的脱贫摘帽时间表，有十二个省份提出提前实现脱贫目标，多的提前三年，少的提前一年。省里时间提前了，市里、县里就紧跟着层层加码提前。有的地方提出的口号是：'白加黑、五加二，三年活要一年干'，'奋战三百六十天，贫困帽子甩一边'。西部某深度贫困县贫困发生率高达百分之三十以上，却提出要提前四年摘帽。"习近平总书记指出："脱贫攻坚多干快干，主观愿望是好的，但这样的时间表是不是符合客观现实？会不会引发'被脱贫'、'假脱贫'？口号喊出去了，到时候做不到就会失信于民。不顾客观条件的层层加码，看似积极向上，实则违背规律、急躁冒进，欲速则不达。有条件的地方可以提前完成，但要量力而行、真实可靠、保证质量，不要勉为其难、层层加码，要防

① 中共中央党史和文献研究院编：《习近平扶贫论述摘编》，中央文献出版社2018年版，第114页。

止急躁症，警惕'大跃进'，确保脱贫质量。"①

抓好扶贫开发工作，就是要坚持把全面从严治党要求贯穿脱贫攻坚工作全过程和各环节，让脱贫成效真正获得群众认可、经得起实践和历史的检验。所谓"严"，就是真管真严，敢管敢严，长管长严，使管党治党真正从宽松软走向严紧硬。为解决脱贫攻坚中不严不实等问题，党中央特别研究制定一整套制度，实施最严格的考核评估，开展督查巡查，督促各地各部门真抓实干、全力攻坚。对完不成任务或弄虚作假的，严肃追究责任。

二、实施最严格的考核评估

考核评估是"指挥棒"和"风向标"，在国家治理中具有重要的导向作用。中国共产党在治理贫困的过程中，实施最严格的考核评估制度，不断创新和完善考核评估机制，创新了省际交叉考核和第三方考核的机制，有效地推动了反贫困政策的执行，取得了明显的治理成效。考核评估对干部的选拔任用具有重要的导向作用，也对资源配置和政策效果具有关键的作用，是大党治贫的重要经验。

党的十八大以来，脱贫攻坚考核制度体系不断完善，基本成形。在中央层面，中共中央办公厅、国务院办公厅先后印发了《省级党委和政府扶贫开发工作成效考核办法》《关于建立贫困退出机制的意见》等，明确了扶贫成效考核和贫困县退出专项评估检查的内容、标准、方法和要求。从中央的顶层设计到考核的实际操作制度都日渐完备。各地也结合实际出台了脱贫攻坚考核评估的政策文件，初步形成了纵向到底、横向到边的脱贫攻坚考核体系。

实行最严格的考核评估制度，既是中国脱贫攻坚的一个显著特点，也是中国扶贫工作中的一件新事物。十九届中央政治局 2018 年 3

---

① 中共中央党史和文献研究院编：《习近平扶贫论述摘编》，中央文献出版社 2018 年版，第 116 页。

月 30 日召开会议强调，实行最严格的考核评估制度是打赢脱贫攻坚战的重要保障。要结合脱贫攻坚进展和考核情况，改进完善考核评估机制，通过较真碰硬的考核，促进真抓实干，确保脱贫工作务实、脱贫过程扎实、脱贫结果真实，让脱贫成效真正获得群众认可、经得起实践和历史检验。近年来，扶贫领导小组把严和实贯穿脱贫攻坚考核的全过程、各环节，较真碰硬、真考实核，不断完善考核评估工作。

（一）科学合理地设置考核内容和考核方式

科学合理的考核指标是衡量扶贫工作成效的重要指针。在扶贫过程中，党委和政府的责任落实了没有？政策落实了没有？工作落实了没有？帮扶是否精准？退出是否精准？群众是否满意？都要通过考核来检验。习近平总书记指出："对贫困县党政负责同志的考核，要提高减贫、民生、生态方面的权重，把党政领导班子和领导干部的主要精力聚焦到脱贫攻坚上来。要把脱贫攻坚实绩作为选拔任用干部的重要依据……要把贫困地区作为锻炼培养干部的重要基地"[①]。

在考核内容上，2015 年、2016 年主要考核减贫成效、精准识别、精准帮扶、扶贫资金使用管理。2016 年，中共中央办公厅、国务院办公厅印发了《省级党委和政府扶贫开发工作成效考核办法》（以下称《考核办法》），其中明确，考核工作从 2016 年到 2020 年，每年对中西部 22 个省（自治区、直辖市）党委和政府扶贫开发工作成效开展一次年度考核，由国务院扶贫开发领导小组组织进行，具体工作由国务院扶贫办、中央组织部牵头，会同国务院扶贫开发领导小组成员单位组织实施。《考核办法》明确公布了扶贫开发工作成效四大考核内容，包括减贫成效、精准识别、精准帮扶和扶贫资金。其中，有的指标还进行更精细的划分，如减贫成效指标包括三个方面：建档立卡贫困人口数量减少、贫困县退出、贫困地区农村居民收入增长情况；精

---

① 中共中央党史和文献研究院编：《习近平扶贫论述摘编》，中央文献出版社 2018 年版，第 41 页。

准识别指标包括贫困人口识别和贫困人口退出两项。2017年增加脱贫攻坚责任落实、政策落实、工作落实等三个落实，以及贫困县摘帽和贫困人口返贫情况的考核。增加新的内容，是脱贫攻坚形势变化的需要，是考核更好发挥作用的要求。

为使考核更加科学和公正，党中央和国务院不断创新和完善考核指标的设置，2015年试考核组织实施了扶贫第三方评估，2016年增加到了两项，增加了省际交叉考核，同时仍然开展第三方评估，2017年调整为三项，实地考核增加了媒体暗访考核，考核方式不断丰富。同时，不断改善考核指标的数据质量。数据来源除了扶贫开发信息系统、全国农村贫困监测等官方数据外，还适当引入第三方评估。由国务院扶贫开发领导小组委托有关科研机构和社会组织，采取专项调查、抽样调查和实地核查等方式，对相关考核指标进行评估，充分发挥社会监督作用，更加注重平时工作的梳理，使各项脱贫数据更加可靠、更加公正。

国家扶贫办强调，实行最严格的考核制度，不是说就是我们党政机关下去检查检查，统计统计，听听汇报就完了的，更关键是把导向立起来，让规矩严起来。例如，为了严把退出关，国家扶贫开发领导小组专门印发了《贫困县退出专项评估检查实施办法（实行）》，严格执行贫困县退出标准程序，从严从实开展退出评估检查，提高贫困县退出的真实度和有效性。在实地评估检查中，主要评估综合贫困发生率，参考脱贫人口错退率、贫困人口漏评率和群众认可度三项指标，检查脱贫攻坚部署、重大政策措施落实、后续帮扶计划及巩固提升工作安排等情况。考核主要采取抽样调查、重点抽查、村组普查、座谈访谈等相结合的方法进行。

（二）运用好考核成果

考核的目的是获得最扎实的工作成效。十九届中央政治局2018年3月30日的会议强调，要用好考核结果，对好的给予表扬奖励，对差的约谈整改，对违纪违规的严肃查处。国家扶贫办刘永富主任

2018 年 3 月 7 日答记者问时说："严格的考核评估，特别是考核成果的应用，它起到了什么作用呢？起到了保持压力、促进落实的作用。""考核的结果应用，作为对省级党委政府领导班子和主要领导年终考核的重要依据，抄送中央组织部。"《考核办法》明确，考核结果作为对省级党委、政府主要负责人和领导班子综合考核评价的重要依据。

考核结果的运用，一方面要起到示范作用，激励地方党政领导干部，另一方面则要起到警示作用，对后进和执行不力的进行督促。例如，国家扶贫开发领导小组在 2016 年考核中，就对综合评价好的 8 个省区市通报表扬，并在 2017 年中央财政专项扶贫资金分配上给予了奖励。财政部、国务院扶贫办在分配 2017 年中央财政专项扶贫资金时专门安排 32 亿元，对包括安徽、湖北、广西、重庆、四川、贵州、西藏、甘肃 8 个省区市给予奖励，每个省区市各奖励 4 亿元。

针对扶贫开发工作中的"不作为、乱作为、假作为"等问题，《考核办法》明确了可能发现的 6 个问题。这 6 个问题包括：未完成年度减贫计划任务的；违反扶贫资金管理使用规定的；违反贫困县约束规定，发生禁止作为事项的；违反贫困退出规定，弄虚作假、搞"数字脱贫"的；贫困人口识别和退出准确率、帮扶工作群众满意度较低的；以及纪检、监察、审计和社会监督发现违纪违规问题的。自 2016 年以来，经报党中央、国务院同意，2015 年试考核约谈了考核结果较差的两个省份的分管领导，国务院扶贫开发领导小组对综合评价较差且发现有突出问题的 4 个省份约谈了党政主要负责同志，对综合评价一般或发现某些方面问题突出的 4 个省份约谈分管负责同志，并且将各个省份的考核情况一对一反馈，限期 2 个月整改并向国务院扶贫开发领导小组报告整改的情况。

此类考核和约谈的办法，在各省得到了较为广泛的推广和使用。例如，四川省专门召开脱贫攻坚成效考核问题约谈会，出台《四川省脱贫攻坚工作约谈、谈话诫勉暂行办法》，对在 2018 年国家、省级脱贫攻坚成效考核中"发现问题突出""发现问题较多""存在专项问题"的县（市、区）及有关市（州）党委、政府负责人进行约谈。不少参与约谈的县（市、区）党政负责人表示，通过约谈，可以教育帮助各级干部客观分析问题、吸取经验教训、改进工作方法，也能坚定各级干部打赢脱贫攻坚战的信心和决心。通过严格考核结果的运用，进一步压紧压实市县两级党委、政府脱贫攻坚主体责任，督促切实履职尽责，保证了工作的力度和节奏，有效地杜绝了数字脱贫，使得脱贫攻坚的成效经得起检验。

三、发挥脱贫攻坚督查巡查作用

开展督查巡查，及时发现解决问题，对推进中央脱贫攻坚决策部署扎实落地有重要作用。完善提升督查巡查工作，有助于树立正确的导向，纠正错误倾向，推动脱贫攻坚事业顺利进展。习近平总书记在中共十八届中央政治局第三十九次集体学习时就强调，要实施最严格的考核评估，开展督查巡查，对不严不实、弄虚作假的，要严肃问责。要加强扶贫资金管理使用，对挪用乃至贪污扶贫款项的行为必须坚决纠正、严肃处理。

（一）发挥巡视利剑的作用

党的巡视工作是党章赋予的重要职责，是加强党的建设的重要举措，是从严治党、维护党纪的重要手段，是加强党内监督的重要形式。实行巡视巡察，对于促进全面从严治党，落实党中央重大决策部署，决胜全面建成小康社会，具有重要保障和促进作用。党的十六大提出建立和完善巡视制度。党的十七大把巡视制度写入党章。2009年，中央颁布《中国共产党巡视工作条例（试行）》。党的十八大以来，党中央根据巡视工作实践需要，先后两次修改巡视工作条例，实现了巡视内容、方式方法、制度建设的与时俱进。党的十九大报告突出强调要深化政治巡视。

巡视是全面从严治党重大举措、党内监督战略性制度安排。党章

第二章第十四条规定，中央和省区市实行巡视制度。《中国共产党党内监督条例》第三章第十九条指出，巡视是党内监督的重要方式。十九届中央巡视工作五年规划开宗明义指出：巡视是全面从严治党重大举措、党内监督战略性制度安排。总的来看，巡视是对全面从严治党实行自上而下的党内监督，实现和体现党中央集中统一领导。

巡视具有明确工作权限和纪律要求。开展巡视工作的主体是党中央和省一级党委。巡视监督的对象是其所管理的党组织和党的领导干部。除上述党组织，未经中央允许不得开展巡视工作。巡视充分运用党章、党内监督条例、纪律处分条例、巡视工作条例、问责条例等党内法规，衡量党组织和党员干部行为。巡视不干预被巡视地区、单位的正常工作，不履行执纪审查职责。

党的十九大将精准脱贫作为"三大攻坚战"之一进行部署。开展脱贫攻坚专项巡视，是贯彻党中央关于打赢脱贫攻坚战三年行动部署要求的重大举措。2019 年，十九届中央第二轮巡视对 26 个地方、单位党组织开展脱贫攻坚专项巡视。巡视紧紧围绕落实党中央脱贫攻坚方针政策、落实党委（党组）脱贫攻坚主体责任、落实纪委监委（纪检监察组）监督责任和有关职能部门监管责任、落实脱贫攻坚过程中各类监督检查发现问题整改任务这"四个落实"，深入开展监督检查。

在专项巡视中，发现了诸如贯彻落实党中央脱贫攻坚方针政策不够精准；13 个省区市党委在落实主体责任方面均存在不够到位；13 个中央单位党组织履行脱贫攻坚责任不够到位；纪检监察机关落实脱贫攻坚监督责任不够有力；相关职能部门监管不严不实；对各类监督检查发现的问题整改不彻底；脱贫攻坚干部队伍建设还有短板；抓党建促脱贫攻坚和基层党组织建设存在薄弱环节；东西部扶贫协作和中央单位定点扶贫工作有待加强；形式主义、官僚主义问题仍较突出等主要问题。在巡视整改中，各被巡视单位不断深化整改成效，拿出了切实提高政治站位，坚决做到"两个维护"；牢固坚持目标标准，高质量完成脱贫攻坚任务；进一步强化责任担当，积极履行脱贫攻坚职责职能；严格落实主体责任，把全面从严治党引向深入；持续深化巡视整改，巩固拓展整改成果；改进作风提高水平，全面加强扶贫干部队伍建设等整改举措，推动脱贫攻坚再上新台阶。

总的看，发挥巡视利剑作用，有利于加强扶贫领域党风廉政建设。特别是中央专项巡视，对各级党委（党组）尤其是书记强化政治担当、履行主体责任的情况进行巡视，把每条战线、每个领域、每个环节的党建工作抓具体、抓深入。要向群众身边不正之风和腐败问题亮剑，维护群众切身利益。着力发现和推动解决脱贫攻坚过程中人民群众反映强烈的突出问题、关键问题，进一步发现扶贫领域存在的风险隐患，查处相关人员、案件，为党和国家挽回经济损失。要进一步转变作风，克服形式主义、官僚主义，加强对一线扶贫干部的指导、服务和支持，加大监督执纪力度，深入推进扶贫领域腐败和作风问题专项治理。

巡视利剑有利于确保如期高质量完成脱贫攻坚任务。通过脱贫攻坚专项巡视，能够利用巡视的权威性，增强扶贫监督工作的威慑力；也能够借助巡视的灵活性，增强扶贫监督工作的能动性。通过巡视整改，能够推动扶贫各领域深化改革，建立健全体制机制，进而提升效果。同时，用好巡视利剑，进一步强化领导干部的使命担当和政治责任，有利于脱贫攻坚具体实践中实现有力的组织领导，认真落实中央统筹、省负总责、市县抓落实的管理体制；有利于健全工作机制，强化组织保障，形成脱贫攻坚强大合力，助力高质量完成脱贫攻坚任务。

除了中央巡视，各地各部门把脱贫攻坚作为巡视监督的重要内容，开展脱贫攻坚专项巡视，以巡视带动巡察，上下联动助力精准脱贫。例如，云南省纪委监委以清单通报作为落实中央脱贫攻坚专项巡视整改工作的抓手，利用扶贫领域问题线索排查、处置、追责问责、通报曝光等10个方面"成绩清单"和"问题清单"，督促各级党组织落实整改责任。云南对全省计划脱贫出列的贫困县开展脱贫攻坚专项巡视后，省纪委监委针对巡视发现的问题集体约谈了28个贫困县的纪委书记，要求严格对照党章党规党纪深刻查找自身存在的突出问题。贵州省结合自身实际，梳理 5 个方面 49 条问题清单，聚焦关键少数，深入查找在履行脱贫攻坚责任方面存在的政治偏差和突出问题。贵州省委第六轮巡视在对 2019 年、2020 年拟摘帽出列的 8 个贫困县进行"回头看"时，围绕"专"字做文章，及时发现和查处"虚假式"脱贫、"算账式"脱贫、"指标式"脱贫、"游走式"脱贫等问题，同时对省直相关部门贯彻落实支持毕节试验区打赢脱贫攻坚战决策部署情况开展"点穴式"巡视。

（二）以严格督查确保有效落实

督查工作作为党委政府工作的重要组成部分，是推动决策落实的重要手段，是促进决策完善的重要途径，是改进党的作风、密切党同人民群众血肉联系的重要渠道。打赢脱贫攻坚战，就是统筹各方监督力量，坚持目标导向和问题导向，形成合力、树立标杆，帮助形成正确政绩观和干事创业的良好氛围。党的十八大以来，党中央和全国人大高度重视督查工作，先后出台了《中共中央关于加强新形势下党的督促检查工作的意见》《中华人民共和国监察法》等系列关于监督工作的法律法规，从不同角度、不同领域对各方面监督工作作出了制度性安排。

在扶贫工作中，中央建立了年度脱贫攻坚报告和督查制度，加强督查问责，把导向立起来，让规矩严起来。对落实不力的部门和地区，由国务院扶贫开发领导小组向党中央、国务院报告并提出责任追究建议。对未完成年度减贫任务的省区市，要对党政主要负责同志进行约谈。省对市地、市地对县、县对乡镇、乡镇对村都要实行这样的督查问责办法。[①] 这样就使脱贫攻坚中的监督工作逐步纳入法制化、规范化轨道，弥补了制度上的缺陷，从而实现了对督查工作的常态化

---

① 中共中央党史和文献研究院编：《习近平扶贫论述摘编》，中央文献出版社 2018 年版，第 112 页。

领导。

2016 年 7 月，中央制定了《脱贫攻坚督查巡查工作办法》，明确国务院扶贫开发领导小组负责督查工作的组织领导，制定年度督查计划，批准督查事项，组建督查组，向党中央、国务院报告督查情况。脱贫攻坚督查巡查工作主要采取召开座谈会、查阅资料、实地调查、问卷调查、个别访谈和听取汇报、受理群众举报、随机访或者暗访等形式进行，同时适当运用第三方评估成果。

督查以落实为导向，主要是为了推动工作开展。督查的重点内容有：脱贫攻坚责任落实情况，专项规划和重大政策措施落实情况，减贫任务完成情况以及特困群体脱贫情况，精准识别、精准退出情况，行业扶贫、专项扶贫、东西部扶贫协作、定点扶贫、重点扶贫项目实施、财政涉农资金整合等情况。巡查以问题为导向，主要是为了解决突出问题。巡查的重点问题有：干部在落实脱贫攻坚目标任务方面存在失职渎职，不作为、假作为、慢作为，贪占挪用扶贫资金，违规安排扶贫项目，贫困识别、退出严重失实，弄虚作假搞"数字脱贫"，以及违反贫困县党政正职领导稳定纪律要求和贫困县约束机制等。

督查巡查工作，不仅是发现问题，更重要是帮助地方改进了工作方法，解决了不会执行的问题；使其抓好正反两方面的典型，推动工作深入。实践证明，强化责任落实，既要靠干部自律，更需要以有效监督巡查来倒逼，督促党员干部围绕脱贫攻坚战各项目标任务，把责任扛在肩上、抓在手上、落实到具体工作中。要坚定不移把党中央决策部署落实好。在督查中，要注意发现真抓实干的干部典型，从组织层面支持他们继续攻坚克难，使严的纪律"严"出干事的动力，进而增强脱贫攻坚工作整体活力。

同时，也要改进督查巡查工作方法。过多、过频的监督检查，使基层疲于应付，不能聚焦工作，产生了新的形式主义和官僚主义。针对这种状况，要统筹巡视、审计、督查等各方监督力量，根据工作侧重，理顺关系，分工协作，鼓励干部将主要精力放到抓工作落实上，形成良好的工作氛围。要提高监督实效，注重协调解决落实中的困难，及时了解重大改革落地情况，打通关节，疏通堵点，破除阻力。要健全反馈完善决策落实的机制，充分运用监督检查结果，及时总结、推广、宣传抓落实的好经验好做法好典型，发挥示范激励效应。对决策执行不力、工作落实不到位的要启动问责程序。

（三）用好巡察制度

党的十九大根据全面从严治党形势和任务，提出在市县党委建立巡察制度，加大整治群众身边腐败问题力度，并将这一制度写入了十九大党章，明确了巡察工作的总体要求、工作原则、机构设置、主要任务、工作质量、组织领导。巡察是巡视向基层的延伸和拓展，是党内监督和群众监督相结合的有效形式，是市县党委落实管党治党政治责任的有力抓手和重要保障。

巡察的目的是强化基层党内监督，加强基层治理，推进全面从严治党向纵深发展、向基层延伸。对基层巡察，有利于强化党的领导，推动党的理论和路线方针政策、中央重大决策部署在基层的贯彻落实；有利于加强党的建设，保持党的先进性和纯洁性，增强基层党组织的创造力凝聚力战斗力；有利于推进全面从严治党，发现并推动解决群众身边的不正之风和腐败问题，密切党群干群关系，巩固党执政的政治基础；有利于督促基层完善制度、推动改革、促进发展，提高基层治理能力。

巡察与巡视是树干与树枝的关系。在性质、原则、方针、方式、要求上大体一致，巡察本身也是巡视的一部分，是巡视监督向基层党组织的延伸。主要区别是实施主体和监督重点不同。巡视主体是党中央和省级党委，巡察主体是市县党委。巡视侧重于宏观层面，重在解决党的领导、党的建设、全面从严治党等重大体制性、机制性问题，维护中央权威。巡察侧重于微观层面，重在解决基层组织力不强及损害群众利益问题，夯实基层基础。

近年来，各地围绕建立巡视巡察上下联动的监督网，在市县党委建立完善巡察制度，进行了一系列探索。例如，新疆维吾尔自治区组织对 35 个贫困县进行脱贫攻坚专项巡视。各市县同步开展专项巡察，联动发力，集中治理脱贫攻坚和意识形态领域的突出问题。甘肃省委第四轮巡视通过巡视带巡察，带动被巡视县（市、区）组建 54 个巡察组开展交叉巡察，并及时反馈情况。整改中，临泽县委针对脱贫攻坚工作中存在的认识不高等问题，以上率下压实主体责任，开展脱贫攻坚"冲刺清零"行动。四川省将脱贫攻坚工作开展情况纳入巡视巡察重点监督内容，2019 年对 31 个贫困县开展常规巡视，对 6 个贫困县开展巡视"回头看"，实现对全省 88 个贫困县的巡视全覆盖。

四、开展扶贫领域腐败与作风专项治理

脱贫攻坚是"硬仗中的硬仗"，没有严明的纪律和过硬的作风，一班散兵是不可能取得这场战役的胜利的。中国共产党在脱贫攻坚的过程中，高度重视扶贫领域的作风建设与反腐败建设，为脱贫攻坚提供了坚强的纪律保障和作风保障。十九届中央纪委三次全会要求，要深入推进扶贫领域腐败和作风问题专项治理，以作风攻坚促进脱贫攻坚。我们党把全面从严治党贯穿于脱贫攻坚的全过程，走出了一条具有中国特色的反贫困道路。

（一）持续深入推进党风廉政建设和反腐败斗争

随着扶贫开发工作力度的不断加大，中央和地方各级有关脱贫攻坚的政策措施更加密集、资金投入量更大。如何保证资金使用安全、确保扶贫成效，是人民群众高度关注的问题。脱贫攻坚直接面向贫困地区和贫困群众，直接同人民群众打交道，暴露出来的作风问题和腐败问题群众感受最直接、反映最强烈。一旦出现腐败问题，群众对党和政府的不信任感就会被放大。在脱贫攻坚中，一些地区和部门，还没有把坚决打赢脱贫攻坚战上升到政治高度，甚至还有一些党员领导干部为了一己之私打扶贫资金的主意，贪污挪用、截留私分、虚报冒领、强占掠夺扶贫款物；优亲厚友，为自己或他人谋取不正当利益；

刁难群众、违规收取费用；弄虚作假、篡改名单，搞虚假"脱贫"；监管不力、失职失责；以及搞形式主义、官僚主义，等等。这些问题，是脱贫攻坚路上的"绊脚石"，严重损害贫困群众的获得感、幸福感。

党风廉政建设和反腐败斗争是一项长期的、复杂的、艰巨的任务。党的十八大以来，中国共产党充分发挥纪律严明的优势，不断把全面从严治党推向深入，取得了良好的治理实效。习近平总书记在十八届中央纪委七次全会上强调，要紧盯脱贫民生领域，严肃查处群众身边的不正之风和腐败问题。这次全会对开展扶贫领域专项整治作出部署，要求对那些胆敢向扶贫等民生款物伸手的要坚决查处。在脱贫攻坚中，习近平总书记强调："要建立长效机制，对脱贫领域的突出问题，一经举报，要追查到底。对查实的典型案件，要坚决予以曝光，严肃追究责任。对发现的作风问题，要举一反三，完善政策措施，加强制度建设，扎紧制度笼子。"①

为此，我们要：

一是扎紧制度笼子，严格执行党纪国法。要管住权力的"任性"，离不开建章立制。扎紧制度笼子，完善监督体制，增强纪律约束力是遏制扶贫领域腐败行为滋生蔓延的关键。把权力关进制度的笼子里，形成不敢腐的惩戒机制、不能腐的防范机制、不易腐的保障机制。用制度管人管权管钱，确保扶贫资金用在刀刃上。要坐实政务村务公开制度，保证扶贫资金在阳光下运行。2018年10月1日起施行的《中国共产党纪律处分条例》在《对违反群众纪律行为的处分》一章中加入了对扶贫领域违规行为的规定。第一百一十二条规定了"有下列行为之一，对直接负责任者和领导责任者，情节较轻的，给予警告或者严重警告处分；情节较重的，给予撤销党内职务或者留党察看处分；情节严重的，给予开除党籍处分：（一）超标准、超范围向群众

---

① 中共中央党史和文献研究院编：《习近平扶贫论述摘编》，中央文献出版社2018年版，第125页。

筹资筹劳、摊派费用，加重群众负担的；（二）违反有关规定扣留、收缴群众款物或者处罚群众的；（三）克扣群众财物，或者违反有关规定拖欠群众钱款的；（四）在管理、服务活动中违反有关规定收取费用的；（五）在办理涉及群众事务时刁难群众、吃拿卡要的；（六）有其他侵害群众利益行为的。在扶贫领域有上述行为的，从重或者加重处分。"该条例的出台，为严肃查处扶贫领域腐败和作风问题提供了抓手和依据。

法规制度的生命力在于执行。习近平总书记强调："反腐倡廉法规制度一经建立，就要让铁规发力，让禁令生威，确保各项法规制度落地生根。好的法规制度如果不落实，只是写在纸上、贴在墙上、编在手册里，就会成为'稻草人'、'纸老虎'，不仅不能产生应有作用，反而会损害法规制度的公信力。我们要下大力气建制度、立规矩，更要下大力气抓落实、抓执行，坚决纠正随意变通、恶意规避、无视制度等现象。"① 各级党委纪检部门，要强化制度执行，针对损害群众利益问题多发频发的重点领域、重点部门、重点环节、重点岗位，强化制度执行情况监督检查，及时发现和纠正偏离制度的苗头性、倾向性问题，对漠视制度、违反制度、随意变通制度、恶意规避制度的严肃查处。

二是创新监督执纪，创新实践监督执纪的"四种形态"。要持续深化扶贫领域的监督执纪问责。习近平总书记强调，把提高脱贫质量放在首位，聚焦深度贫困地区，扎实推进各项工作，全面打好脱贫攻坚战。要强化监管，做到阳光扶贫、廉洁扶贫。对扶贫领域腐败问题，发现一起，严肃查处问责一起，绝不姑息迁就！② 2020 年，中国纪委国家监委发布的《国家监督》电视片专门聚焦脱贫，通过以案说法的形式聚焦了扶贫领域的监督执纪问责。监察体制改革后，各地纪

---

① 中共中央纪律检查委员会、中共中央文献研究室编：《习近平关于严明党的纪律和规矩论述摘编》，中国方正出版社、中央文献出版社 2016 年版，第 89 页。

② 习近平：《在打好精准脱贫攻坚战座谈会上的讲话》，《求是》2020 年第 9 期。

委监委进一步加强了对扶贫领域的监督，不断向基层延伸，侵占扶贫资金问题更是成了监督的重点。中央纪委通报了某省省委对所辖市县扶贫领域突出问题严肃问责。该省调整了多名市县领导干部包括市纪委书记的工作岗位，高悬的问责利剑让监督发挥了应有的威力，对各地起到了警示作用。

习近平总书记指出，反腐倡廉必须常抓不懈，拒腐防变必须警钟长鸣，关键就在"常""长"二字，一个是要经常抓，一个是要长期抓。我们要坚定决心，有腐必反、有贪必肃，不断铲除腐败现象滋生蔓延的土壤，以实际成效取信于民。① 中央纪委在通报扶贫领域腐败问题典型案例时强调，要把纪律挺在前面，实践监督执纪"四种形态"，对扶贫领域出现的苗头性、倾向性问题早发现、早处理。从小处抓起、从日常抓起。平日里就要拉长耳朵、瞪大眼睛，发现苗头问题或轻微违纪的就找本人谈一谈，用常态化的咬耳扯袖、红脸出汗，让党员干部时刻牢记公款姓公不姓私、"救命钱"必须专款专用，把问题消灭在萌芽中。通过创新实践监督执纪的"四种形态"，可以大大增强基层干部抵御住各种诱惑、永葆清正廉洁的自觉。

三是开展扶贫领域腐败和作风问题专项治理。为确保高质量地为脱贫提供坚强有力的纪律保障，中央纪委国家监委从 2018 年开始持续开展了扶贫领域腐败和作风问题专项治理，坚持无禁区、全覆盖、零容忍，坚持重遏制、强高压、长震慑，促进各级党委、政府以及相关职能部门认真履行脱贫攻坚的重大政治责任。各级纪检监察机关以扶贫领域腐败和作风问题的专项治理为抓手，聚焦治理基层微腐败精准施策，从查处具体案件到推动制度建设层层深入，优化治理体系，提升治理效能。截至 2019 年底，全国共查处扶贫领域腐败和作风问题 13.1 万件，处理 17.7 万人，中央纪委国家监委通报了 21 起典型案例。

---

① 《习近平在十八届中央纪委二次全会上发表重要讲话强调　更加科学有效地防治腐败　坚定不移把反腐倡廉建设引向深入》，《人民日报》2013 年 1 月 23 日。

自专项治理工作落实以来，各级纪检监察机关聚焦扶贫领域腐败和作风问题，从严要求、绝不姑息。各级纪检监察机关专项治理工作责任不断压实、力量不断下沉、监督不断聚焦、措施不断加强、效果不断提升。在专项治理中，各地党委、纪委探索了许多新经验。例如四川省把专项清理扶贫领域工程项目建设、扶贫重点资金发放情况作为重点，着力治理扶贫领域形式主义官僚主义问题。广西壮族自治区在问题线索清零、查处案件办结、监察工作拓展等方面重点发力，强化专项治理成效。西藏自治区和陕西省对发现问题少、查办案件少、处置宽松软的地市和县（市、区）纪委书记进行约谈。要坚持标本兼治，积极推进以案为鉴、以案促改工作。在查处问题的同时，深挖案件暴露出的思想教育、权力规范、监督制约、体制机制等方面的漏洞盲点，督促有关党委政府、职能部门深入整改，强化查处一案、警示一片、规范一方的治本作用。重庆市在违纪违法人员所在单位或村组开展面对面"以案说纪、以案说法、以案说德、以案说责"警示教育。甘肃、新疆等地纪委监委向扶贫办、住建厅、民政厅等相关单位党组发出纪检监察建议书，要求结合不同类型典型案例深入剖析根源，采取有效措施健全制度、堵塞漏洞。

四是加快推进贫困村村务监督委员会建设。扶贫领域的腐败问题多发，折射出农村村务监督疲软的状况。对村级权力来说，如果村务监督缺位、失位，就容易使权力变质。推动全面从严治党向基层延伸，必须把监督的触角延伸至最基层，通过积极发挥村务监督委员会"一线监督者"的作用，对扶贫工程建设、扶贫资金发放、惠农政策落实的各个环节实施重点监督，为打赢精准扶贫攻坚战提供全面纪律保障。

村务监督委员会的设置来自于浙江的"后陈经验"，经过不断完善，已经从"一村之计"成为了"一国之策"。2017年8月，习近平总书记主持召开中央全面深化改革领导小组第三十八次会议。会议审议通过《关于建立健全村务监督委员会的指导意见》。通过规范村务监督机构设置、工作职责和运行机制，加强对村务决策、村务公开、村级资源资产资金管理、工程项目建设、惠农政策措施落实的监督，充分发挥村务监督委员会作用。继续落实好"四议两公开"、村务联席会、党务村务公开等制度，健全村党组织领导的充满活力的村民自治机制。① 要让每一分扶贫款项都不会因权力的腐败而被吞噬，就是围绕农村集体资金、资产、资源管理制度，大力推进村务公开，切实维护群众的知情权、参与权、监督权，规范和制约村干部的行为，最大限度地减少村干部腐败的发生。

（二）以作风攻坚促进脱贫攻坚

党的作风就是党的形象，关系人心向背，关系党的生死存亡。一个人的作风、一个组织的作风、一个政党的作风，体现了精气神，也体现了制度建设的威力，是二者合力的结果。党的十八大以来，我们党面对"四种考验"和"四大风险"的挑战，坚持不忘初心、继续前进，坚持全面从严治党，作风建设取得了很大的成就。特别是，中国共产党把作风建设贯穿脱贫攻坚全过程，坚决反对形式主义、官僚主义，减轻基层负担，弘扬求真务实作风，推动形成"扶真贫、真扶贫、真脱贫"的鲜明导向。

脱贫攻坚任务能否高质量完成，关键在人，关键在干部队伍作风。为此，党中央将2018年作为脱贫攻坚的"作风建设年"，2019年作为"基层减负年"。在决战决胜脱贫攻坚的关键时刻，习近平总书记再次强调，要加强扶贫领域作风建设，坚决反对形式主义、官僚主义，减轻基层负担，做好工作、生活、安全等各方面保障，让基层扶贫干部心无旁骛投入到疫情防控和脱贫攻坚工作中去。② 这一系列的努力，都显示中国共产党赋予了作风建设新的内涵。作风建设永远在路上，任何时候，中国共产党人都要保持清醒头脑，敢于直面困难与

---

① 国务院扶贫开发领导小组办公室组织编写：《脱贫攻坚政策解读》，党建读物出版社2016年版，第283页。

② 《在决战决胜脱贫攻坚座谈会上的讲话》，《人民日报》2020年3月7日。

挑战，坚定理想信念、勇于制度创新，不断推进党的作风建设迈上新台阶。

为此，我们要：

一是把作风建设贯穿脱贫攻坚全过程，严厉整治扶贫中的形式主义和官僚主义。新时代脱贫攻坚，不是一朝一夕的事，更不会一帆风顺，要始终保持一种积极进取、昂扬向上的精神状态，一种励精图治、迎难而上的工作干劲。就是要加强基层党员干部的思想政治建设，为此，中央集中力量解决扶贫领域"四个意识"不强、责任落实不到位、工作措施不精准、资金管理使用不规范、工作作风不扎实、考核评估不严不实等突出问题，确保取得明显成效。作风建设要抓住要害和关键。习近平总书记指出："作风建设不能搞面面俱到，要找准靶子，点中穴位，抓住要害，打到七寸。"① 在脱贫攻坚中，就是要聚焦形式主义、官僚主义开展全面检查，进行靶向治疗，这是群众反映最突出、最影响脱贫攻坚"含金量"的问题。

二是切实为基层减负，让干部有更多时间和精力抓落实。空谈误国，实干兴邦。脱贫攻坚工作要实打实干，一切工作都要落实到为贫困群众解决实际问题上，切实防止形式主义，不能搞花拳绣腿，不能搞繁文缛节，不能做表面文章。一些基层干部反映，在脱贫攻坚中最典型的形式主义、官僚主义问题莫过于重复报送各类表格。一段时间以来，一些地方为了做到精准识贫、精准扶贫，搞了一大堆表格要下面填写。一些基层干部忙于填写各类表格，加班加点，甚至没有时间进村入户调研办实事。还有一些表格需要贫困群众亲自填报，但表格设计太复杂，填写项目太多，而且有很多术语，农民也弄不清楚。习近平总书记特别强调："精准识贫、精准扶贫要坚持，但要讲究科学、讲究方法、讲究效率，把各方面信息集中起来，建立信息库，实现信

---

① 中共中央党史和文献研究院编：《习近平关于力戒形式主义官僚主义重要论述摘编》，中央文献出版社 2020 年版，第 86 页。

息资源共享。"① 要注重工作实效，减轻基层工作负担，减少村级填表报数，精简会议文件，让基层干部把精力放在办实事上。各部门党组（党委）特别是主要负责同志要树立正确政绩观，不定不切实际的目标，不开不解决问题的会，不发没有实质内容的文，不做"只留痕不留绩"的事。

三是改进调查研究，真正把功夫下到察实情、出实招、办实事、求实效上。调查研究是我们党的传家宝，是做好各项工作的基本功。在脱贫攻坚中，要广泛开展调查研究，深入基层、深入群众，多层次、多方位、多渠道调查了解实际情况，注重发现并解决问题，力戒"走过场"。习近平总书记在中宣部做的《寻乌扶贫调研报告》上专门作了批示，强调，不了解真实情况，拍脑袋做决定，是做不好工作的。调查研究千万不能搞形式主义，不能搞浮光掠影、人到心不到的"蜻蜓点水"式调研，不能搞做指示多、虚心求教少的"钦差"式调研，不能搞调研自主性差、丧失主动权的"被调研"，不能搞到工作成绩突出的地方调研多、到情况复杂和矛盾突出的地方调研少的"嫌贫爱富"式调研，而是要拜人民为师、向人民学习，放下架子、扑下身子，接地气、通下情，既要到工作局面好和先进的地方去总结经验，又到群众意见多的地方去，到工作做得差的地方去，到困难较多、情况复杂、矛盾尖锐的地方去调查研究。② 在脱贫攻坚中，要教育引导广大党员干部了解民情、掌握实情，搞清楚问题是什么、症结在哪里，拿出破解难题的实招、硬招。

四是靠严格的纪律和规矩来保证作风整治的成效。抓脱贫攻坚的作风建设，一方面要返璞归真、固本培元，突出坚定理想信念、践行根本宗旨、加强道德修养。同时，光靠觉悟不够，必须有刚性约束、强制推动，这就是纪律。深化作风建设必须坚持清正严明，靠刚性约

---

① 《在深度贫困地区脱贫攻坚座谈会上的讲话》，《人民日报》2017 年 9 月 1 日。
② 习近平：《推进党的建设新的伟大工程要一以贯之》，《求是》2019 年第 19 期。

束的纪律和规矩来保证。作风建设是立破并举、扶正祛邪的过程，立什么、破什么，需要好好把握。破除潜规则，根本之策是强化明规则，以正压邪。比如十九届中央脱贫攻坚专项巡视（第二轮）发现，安徽省部分地区存在单纯将农村危房改造补助资金用于房屋粉刷、装饰等与提升住房安全性无关的用途，用"刷白墙"代替危房改造，搞形式主义、官僚主义等突出问题。"刷白墙"搞面子工程在贫困地区蔓延，阜南县一个乡近三个月就刷了 58.8 万平方米，花费 390 万元。在中央纪委国家监委的指导下，安徽省委将"刷白墙"问题作为扶贫领域形式主义、官僚主义的典型，第一时间认真核查，对相关的 8 个党组织和单位、6 名责任人严肃问责，通报全省，要求以案示警、以案为戒、以案促改。在落实中央脱贫攻坚专项巡视反馈意见、进行整改的背景下，安徽省开展了"严规矩、强监督、转作风"集中整治形式主义、官僚主义专项行动，在思想认识、严肃规矩、作风整改上来了一次触及灵魂的彻底大改变。在脱贫攻坚中，针对群众身边的不正之风和腐败问题，我们党严肃查处，持续正风反腐，不断增强人民群众的获得感、幸福感、安全感。

五是作风建设要久久为功，在抓常、抓细、抓长上下功夫。解决作风问题是一项经常性工作，必须对作风问题的顽固性和反复性，缺乏常抓的韧劲、严抓的耐心，缺乏管长远、固根本的制度等问题进行整改。作风问题相当顽固、易于反复，抓作风既要着力解决当前突出问题，又要注重建立长效机制。不能因为存在的问题比较多、比较复杂就有畏难情绪，产生不着急、慢慢来的想法，也不能寄希望于一蹴而就、一劳永逸，而要下功夫、用狠劲，持续努力、久久为功。在脱贫攻坚中，党的作风改进有了一个良好开端，但取得的成果还是初步的，基础还不稳固，形成作风建设的长效机制，还需要严格的党内政治生活来规制和引导，营造良好的政治生态和从政环境，使优良作风的生长有一个好的基础。打赢脱贫攻坚战也好，实施乡村振兴战略也好，是一项长期的历史性任务，要注重科学规划，注重质量，从容建设，不追求速度，更不能刮风搞运动，要真正经得起群众和历史的检验。

在决战决胜脱贫攻坚战的过程中，中国共产党坚持从严要求，促进真抓实干，把全面从严治党贯穿于脱贫工作的全过程，取得了举世瞩目的成绩。面对党内存在的突出问题，中国共产党从不讳疾忌医，而是以自我革命的政治勇气刮骨疗伤、激浊扬清。通过不断改进党的作风，紧紧依靠人民力量，展现出超强的自我净化、自我完善、自我革新、自我提高能力，带领中国人民走出了贫困治理的"腐败陷阱"和"低效陷阱"。

大党
治贫

脱贫攻坚中的党建力量

案例篇

第六章

抓党建促脱贫攻坚
实践案例评析（上）

在中国的政治制度与治理体系中，县是所有层级中最独特的，也是最关键的。县制和县治是国家制度和治理的根基，担负着承上启下、联结城乡的重要功能，是国家政策落实、反馈的基本中介和关键环节。在脱贫攻坚过程中，贫困县是贫困的基本瞄准单位和扶贫的基本实施主体，也是扶贫资源分配、使用和管理的节点与纽带，更是打赢打好脱贫攻坚战的基本依托以及如期、高质量脱贫摘帽的衡量单元。从中国的扶贫实践和减贫经验来看，中国特色社会主义的政治优势和制度优势集中体现在党的建设领域，一是贯通各个治理层级的五级书记一起抓的责任体系和工作格局，二是聚焦于贫困县这一贫困治理层级，关注县级党组织和党建在脱贫攻坚中的角色与作用。本章主要以广东省阳山县、河南省兰考县、江西省井冈山市、云南省玉龙县、四川省巴中市为实例，阐述抓党建促脱贫攻坚的县级做法，总结其基本经验和启示。

案例 1　以基层党建助推脱贫攻坚

广东省清远市阳山县，地处广东北部，素有"九山半水半分田"之称，唐代文学家韩愈担任阳山县令时，曾发出"阳山，天下之穷处也"的感慨。由于土地贫乏、交通不便，阳山在历史上也一直是一片赤贫之地。脱贫攻坚战打响以来，阳山县深入贯彻习近平总书记关于扶贫工作的重要论述，以改革创新精神，通过抓党建促进脱贫攻坚，取得了显著成就。

（一）以基层党建夯实脱贫攻坚基础

阳山县在脱贫攻坚中，坚决落实脱贫攻坚一把手负责制，县镇（乡）村三级书记一起抓脱贫攻坚，充分发挥党的领导核心作用。

一是坚持筑牢基层党建基础，健全以基层党组织为领导核心的村级组织体系。通过推进村级党组织标准化建设、整顿软弱涣散农村党组织、向贫困村选派第一书记等方式，建强农村党支部，打造坚强战斗堡垒。同时，通过实施"青苗培育"工程、党组织书记"头雁"工程、将村中"能人＋好人"吸收进党组织等方式，建强村"两委"干部队伍。发挥党建统领作用，积极引导和指导村民理事会、经济合作社发挥作用，吸引青年回村、乡贤回归，调动各方资源和力量投身于脱贫攻坚、乡村振兴的广阔天地。

二是积极推动党建重心下移，把党支部建在村民小组上。在不缩小党组织覆盖面的前提下，进一步优化了村级基层组织体系。党支部下移到村民小组后，形成"支部建在一线、党员干在一线、作用发挥在一线"的基层党建新格局。党支部团结带领村民开展农村综合改革工作，推动农村经济社会发展。村党组织积极带领村民理事会、专业合作社等自治组织结合"一事一议"项目，主动引导村民参与村公益类、公共服务类的社会管理事务，带领农民群众奔康致富，打通了联系服务群众的"最后一公里"，提高了党组织的服务能力。

三是实施勤廉工程，设立村级勤廉监督室。村勤廉监督室是全面从严治党延伸到最后一公里的"探头"，设立村级勤廉监督室是开展农村基层党风廉政建设工作的需要，是密切农村基层干群关系的需要，是解决农村干部监督难的有效途径。聚焦存在的突出问题和不足，为全面提升勤廉监督队伍业务能力，阳山县纪委监委面向村级勤廉监督员开展轮训，全面提高勤廉监督队伍综合素质，为基层正风反腐提供人才支撑。

（二）依托对口帮扶提升脱贫效能

一是用好帮扶单位提供的各类帮扶措施发展长效增收产业。根据全省统一部署，自 2016 年 5 月起，广州市黄埔区、广州开发区对口帮扶阳山县 8 镇 35 个贫困村，其中建档立卡的贫困户 3553 户 9088 人，最困难的贫困村集体年收入仅 2000 元。任务重、时间紧，脱贫攻坚难度相当大，为此，广州市黄埔区、广州开发区派出 38 人的扶贫攻坚小组，一对一驻村进行点对点服务。"通过前期的摸查和调研，阳山县受自然地理环境的限制，光靠发展种养业，不足以解决贫困的痼疾。在多方商讨后，最终确定在阳山县这 35 个村大力发展"长效、稳定"的光伏发电产业。黄埔区、广州开发区对口阳山县 35 个村帮扶的光伏发电站，以"农光互补、渔光互补、林光互补、异地光伏"的模式实施，到 2017 年 6 月底，建成了总投资超 2 亿元的 14 个光伏扶贫电站，总装机容量 30.5 兆瓦。截至 2018 年 12 月，发电量达 4587 多万度，创收近 4500 万元，可确保为 35 个村的贫困户带来年人均 3000 元以上红利。光伏项目建成后在全国招标，实现了社会化管理，可持续收益 25 年。

二是利用帮扶机会提高消费扶贫成效。清远市紧紧把握广清一体化和"入珠融湾"有利契机，在广州市委、市政府的关心支持和各级单位的大力帮扶下，以"打造广清帮扶升级版、打通消费扶贫快车道"为目标，积极组织扶贫农产品展销会，通过建立直销门店、开设扶贫农产品销售公益专区专柜等方式，积极搭建产销合作平台。通过引导粤港澳大湾区消费群体优先选购来自清远贫困地区农产品，建立长期定向采购合作机制，以消费扶贫打通产业扶贫"最后一公里"。如今，包括阳山县在内的清远市农产品在广州已进入各级机关饭堂 6 个，开设各类"清远农家"扶贫门店 21 家，服务消费者超过 10 万人。在广东省东西部扶贫协作交易市场和广清农业众创空间，清远贫困地区特色农产品实现了集中展销，消费扶贫产品营销渠道进一步畅通。

（三）以改革创新促进乡村发展

一是努力破解城乡二元结构，加快城乡融合发展步伐。在推进新型城镇化建设方面，充分释放内需潜力和发展动能，按照"依法下放、能放则放"原则，将乡镇发展迫切需要的部分市、县级权限下放或委托乡镇政府，探索有效剥离依附在户籍管理上的各项管理职能，完善小城镇基础设施和教育、医疗等基本公共服务，推动农民就近就业、就地城镇化。在推进城乡基础设施一体化方面，加快推动乡村基础设施提档升级，实现城乡基础设施统一规划、统一建设、统一管护。在推进城乡公共服务均等化方面，建立健全普惠共享的城乡基本公共服务体系。

二是创新理念走绿色发展道路。2016 年，清远出台《清远市城市规划区生态控制线规划》，同年 9 月，在新增纳入国家重点生态功能区的县（市、区、旗）名单中，连州、阳山、连山、连南四个县市均纳入国家重点生态功能区，清远成为广东省被纳入国家重点生态功能区最多的地区。阳山作为国家重点生态功能保护区，一直以来坚持绿色生态发展，牢固树立"绿水青山就是金山银山"的发展理念，坚持在保护中高质量发展。阳山出台了《阳山县生态原产地产品保护示范区建设方案》，包含加强示范区种植生产区域建设，建立完善生态原产地保护产品管理体系，建立完善农业化学投入品控制体系，完善示范区质量安全追溯体系，建立示范区预警通报与应急体系等内容。同时，制定出台奖补意见。2018 年 1 月，国家质量监督检验检疫总局公布了获得生态原产地产品保护示范区和生态原产地保护产品名单，"阳山国家生态原产地产品保护示范区"及其申报的包括阳山鸡在内的 6 个保护产品成功入选，成为广东省第一个国家级生态原产地产品保护示范区。

三是深化农村综合改革激发农村发展新动能。在"绿色崛起"的驱动下，阳山县积极探索农村综合改革，以农村土地制度改革、农村集体产权制度改革为重点，全面深化农村综合改革。推动土地整治整合提速增效，有效释放土地能量与红利。土地细碎化是制约贫困村经济发展的因素之一，为此，阳山县在推进精准扶贫工作的同时，紧紧依托农村综合改革，整合解决土地细碎化问题，提高贫困村土地利用效率。针对农村承包土地分散细碎的状况，积极引导贫困村在村民自愿的前提下，整合土地资源。通过整合，实现承包土地多块变少块、分散变连片，有效恢复了丢荒土地。还推动适度规模经营，促进农业适度规模经营和农业产业分工。在整合土地的基础上，积极培育发展家庭农场、专业大户、农民合作社等新型农业经营主体，并积极探索农村资源变资产、资金变股金、农民变股东的资产收益"三变"改革，构建贫困群众参与机制和收益机制，走共同致富之路。

（四）多措并举拓宽扶贫力量

一是引进扶贫车间帮助贫困人口在家门口实现就业。阳山县有不少贫困户是因残因病致贫，或存在着缺劳力、缺资金、缺技术等问题。由于贫困村的留守老人和妇女没有工作机会，因而帮扶工作难度大。为了实现贫困人口广泛就业，阳山县积极引进企业扶贫车间，切实解决贫困户"无工可做"的现实问题，为他们增加稳定收入。扶贫车间入驻后，根据当地贫困户的实际，探索出"厂房式""居家式"和"混合式"三种工作模式。"厂房式"是指员工在固定厂房内上班，还包吃包住；"居家式"是指贫困户在领取手工半成品后，在家利用零碎时间完成加工，再交回扶贫车间，既不占厂房又可以多拿到10%的工资；"混合式"是指贫困户就近在分车间上班，由总厂直接管理，工作时间相对灵活。在党委政府的引导下，许多扶贫企业也积极为当地贫困户提供就业机会，并为他们量身定做脱贫方案，助力贫困户尽快摘掉"贫帽"。如今，扶贫车间已遍布阳山县13个乡镇，40个扶贫车间站点形成了"车间驻村、居家就业、贫困脱贫"模式，并已在清远多地得到推广。

二是搭建平台发挥乡贤作用。阳山县成立清远首个乡村振兴乡贤促进会，各乡镇成立"乡贤之家"，形成县镇（乡）两级组织体系，充分发挥乡贤作用；通过搭建好的平台，积极探索创新，大力鼓励和支持乡贤通过参加乡村治理、引资引智、担任志愿者、投资兴业、行医办学、捐资捐物等方式参与家乡建设；还加大对乡贤先进人物、典型事迹的宣传力度。

三是建立乡村新闻官制度。针对城乡一体化中信息不对称的问题，阳山县建立乡村新闻官制度，播报农事、政事，构建城乡一体化的话语体系和市场体系。乡村新闻官的播报通过快手、微信、微博、网站等平台广泛传播，成为人气"农村网红"。他们作为扶贫攻坚的重要力量之一，为脱贫攻坚和乡村振兴贡献力量。

⊟ 案例评析

　　阳山县坚持党建引领，充分利用对口帮扶、改革创新等取得了脱贫攻坚的突出成就。全县2016—2019年累计投入扶贫资金45290.39万元，2019年全县贫困户均达到脱贫标准，脱贫率达100%。阳山县脱贫攻坚的经验有以下四点：

　　其一，建强基层党组织是打赢脱贫攻坚战的关键。给钱给物不如给个好支部，筑牢基层党组织才能夯实脱贫攻坚的基础。阳山县通过加强党对脱贫攻坚工作的领导，积极选优配强基层党组织领导班子。通过优化党员队伍结构，改善农村党员队伍的年龄和知识结构，创新带头人选育制度，大力实施基层党组织"头雁"工程、"青苗培育"工程，创新推进"挂育工程""培育工程"和"引育工程"等三育人才战略工程，培育一批农村基层党组织带头人，发挥了基层党组织的战斗堡垒作用。

　　其二，用好对口帮扶机制，充分发挥对口帮扶的减贫作用。广州市派驻清远市精准扶贫工作队积极为清远对口帮扶地区搭建沟通平台，促进了清远扶贫农产品产供销体系的有机融合。通过设立清远扶贫农产品消费扶贫专柜，搭建产销对接平台，广清对口帮扶有效促进了清远贫困户持续稳定增收。同时，通过派出帮扶干部，实地开展帮扶工作。广州市黄埔区、广州开发区派出扶贫攻坚小组深入阳山认真调研，确定了适合当地的光伏项目，有效促进了贫困群众增收。对口帮扶机制，为贫困地区的发展提供了强劲的动力。

　　其三，坚持以改革创新精神投入脱贫攻坚工作。阳山县在农村综合改革、生态功能区建设、城乡融合发展等多个改革项目中先行先试，有力促进了脱贫攻坚工作，为阳山发展赢得了机遇，并对脱贫攻坚与乡村振兴有机衔接进行了有益探索。阳山县得以在改革发展中锐意进取，一个很重要的原因是阳山县尊重群众首创精神，鼓励基层干部群众积极探索、大胆创新，在全社会塑造改革创新的良好氛围，形成独特的改革创新风气。

其四，脱贫攻坚需要多方力量参与。众人拾柴火焰高，在精准扶贫各项工作中除了各级党委政府的领导、贫困群众的艰苦奋斗外，还需要社会各界的助力。阳山县通过吸引青年回乡、成立乡贤促进会吸引乡贤回归、建立乡村新闻官制度等多种手段，吸引了各类人才、组织积极投身阳山脱贫攻坚工作，取得了明显成效。因此，取得脱贫攻坚战的胜利还需要形成全社会共同参与的大扶贫格局。

A N L I P I N G X I

案例2 以焦裕禄精神引领脱贫攻坚

河南省开封市兰考县，地处豫东平原，坐落于黄河之滨，受自然环境影响，常年饱受风沙、盐碱、内涝"三害"之患，人民群众长时间处于艰难困苦的生活之中。1962年12月，焦裕禄同志到兰考担任县委书记后，毅然担起了改变兰考贫穷落后面貌的重任，带领干部群众战天斗地、治理"三害"，以实际行动树立了一个优秀党员干部的光辉形象，铸就了"亲民爱民、艰苦奋斗、科学求实、迎难而上、无私奉献"的焦裕禄精神。其后五十多年，兰考历届县委扛起旗帜，一茬接着一茬干，世世代代贫穷落后的面貌逐渐得到改变。但受限于底子薄、基础差，"三害"在兰考成为历史，经济发展却一直缓慢，贫困始终是压在当地人民头上的"一座大山"。2002 年，兰考被确定为国家扶贫开发工作重点县。2011 年，又被确定为大别山连片特困地区重点县。2014 年，全县共有贫困村 115 个，贫困人口 23275 户 77350 人，贫困发生率 10%。

作为焦裕禄精神的发源地、习近平总书记第二批党的群众路线教育实践活动的联系点，2014 年，兰考县委向习近平总书记作出"三年脱贫，七年小康"的庄严承诺。几年来的脱贫实践中，兰考以习近平总书记调研兰考时提出的"把强县和富民统一起来，把改革和发展结合起来，把城镇和乡村贯通起来"为指引，发扬焦裕禄精神，坚决打赢脱贫攻坚战。兰考县坚持以脱贫攻坚统揽经济社会发展全局，重新树立"脱贫攻坚、基层党建、产业发展、美丽村庄"四面红旗，扎实认真推进各项工作。截至 2016 年底，全县共脱贫 21216 户 69591 人，剩余贫困人口 3511 户 7046 人，综合测算贫困发生率 1.27%，群众认可度 98.96%。2017 年 2 月 27 日，经国务院扶贫开发领导小组评估并经河南省人民政府批准，兰考县正式退出贫困县序列。

（一）以基层组织建设增强农村党组织服务脱贫能力

一是为改变农村党组织软弱涣散的局面，兰考县构建了党员互助和党组织协同的立体网络，通过向存在组织软弱涣散情况的贫困村派遣整顿队伍的方式，重建农村党组织的凝聚力、战斗力和创造力。其工作程序是：采用分类定级方式，按照"有坚强有力的领导班子、有本领过硬的骨干队伍、有功能实用的服务场所、有形式多样的服务载体、有健全完善的制度机制、有群众满意的服务业绩"的标准，结合分类定级具体指标，明确方法步骤，严格评定程序，对农村基层党组织客观公正地进行分类定级，结合分类定级情况，每年按 10% 的比例倒排一批后进村，将这 10% 的后进村作为整顿软弱涣散基层党组织的对象；在精准识别出农村软弱涣散党组织的基础上，根据村情，制定"六步工作法"，即选派整建队伍、吃透村情民意、联合会诊定案、开展集中整顿、评估验收问责、建立持续机制。

二是兰考县参照焦裕禄当年树立"四面红旗村"的做法，通过评选"脱贫攻坚红旗村""基层党建红旗村""产业发展红旗村"和"美丽村庄红旗村"等新时期的"四面红旗"，为基层党组织建设提供正向激励。红旗村的评选既是一种荣誉的激励，又是针对基层党组织干部待遇低、参与意愿弱化的情况，对获得红旗村的基层组织干部给予物质奖励，每评上一面"红旗"，所在村的支部书记工作报酬在每月1500元的基础上上调500元，其他村干部在1200元、900元的基础上上调300元，奖励可重复累计。

三是以农村党支部书记的培训、管理考核和后备力量培育为主要抓手，加强农村党组织带头人队伍建设，实现农村基层党组织带头人队伍建设与脱贫攻坚的有机结合。

四是以强化党员学习、党员活动、便民服务、村民议事、教育培训和文化娱乐等服务功能为依托，拓展党群服务中心的活动空间，实现对农民脱贫和发展需求的有效供给，并提升村民参与脱贫攻坚的意识和能力。

（二）以干部队伍建设提升外部资源扶贫能力

兰考县在推进精准扶贫过程中，积极引导外部党员干部进入农村社区，实现党员干部下沉到扶贫工作第一线，实现外部资源的有效嵌入。一方面，通过开展"三联三全"活动，即县级干部联系所有重点项目和所有贫困村、科级干部联系所有软弱涣散村和贫困户中的政策兜底户、县直单位党员联系所有未脱贫户中的一般贫困户和困难党员，实现对重点项目、贫困村和软弱涣散村、贫困户和困难党员的全覆盖。另一方面，在乡镇领导班子换届中，从县直机关选拔有驻村工作经历的优秀年轻干部进入班子，从乡镇选拔乡镇事业编制人员、大学生村干部和优秀党支部书记进入乡镇党委班子。

（三）以干部作风建设保障党建扶贫落地

一是以群众路线教育实践活动促作风建设，即按照"照镜子、正衣冠、洗洗澡、治治病"总要求，以为民务实清廉为主要内容，以"五个准确把握"为指导，以"一学三促四抓"为统揽，坚持"高起点开局、高标准开展、高质量推进"，采用一环扣一环，一级抓一级，推动作风建设。

二是以作风建设促扶贫脱困，即在全县党员干部中开展群众路线教育实践活动的基础上，将作风建设与扶贫脱困相结合，通过扶贫工作检验作风建设成果。

三 案例评析

在摆脱贫困过程中，党建扶贫成为党和政府密切联系群众以及激活贫困地区发展活力的主要抓手，基层党组织通过各级党组织体系在扶贫开发的"最后一公里"实现了有组织、有党员、有干部，党组织发挥了承上启下的作用。党的建设与脱贫攻坚的耦合机制为全面建成小康社会提供了重要保障。充分发挥基层党组织战斗堡垒作用和党员先锋模范作用，是打赢脱贫攻坚战的根本保证。

其一，基层党组织建设为贫困地区稳定脱贫奔小康提供了体制和组织保证。农村党组织作为最前沿阵地的"基本作战单元"，是战斗在精准扶贫第一线的核心力量，带领群众脱贫致富的先锋队，带领群众脱贫致富的战斗堡垒，发挥着"一线指挥部"作用。贫困地区如果没有坚强的党支部，党的路线、方针、政策就难以得到落实，便不能带领群众向贫困宣战。精准扶贫是新时期我国扶贫开发的战略导向，是全面建成小康社会的根本需要，实现中华民族伟大复兴的中国梦的保障，体现了社会主义本质要求。党的建设是一项须长期进行的工作，在基层是重中之重，并且具有持续稳定的特征。在稳定脱贫奔小康的过程中，持续运用党建工作的驻村工作机制，密切联系党员干部和基层群众，形成诉求反馈机制，并能够有效地缩短传达过程，解决由科层制带来的行政繁冗问题。

其二，完善基层党建，打造战斗力强大的党组织是全面打赢脱贫攻坚战的有力武器。基层党组织历来是党的各项事业的战斗堡垒，在各个时期的党进行的各项事业中，党的基层组织都发挥了有力的基础性作用。全面打赢脱贫攻坚战本身就是全面建成小康社会的补板之举，是影响2020年全面建成小康社会三步走的第一步的基础性工程。贫困人口聚集在基层的现实，更需要坚强的基层党组织来为全面打赢脱贫攻坚战攻坚克难。兰考县从抓关键、筑基础、促激励、严问责等四个方面为兰考县全面打赢脱贫攻坚战铸造了有力武器。

其三，发扬焦裕禄精神，用优秀精神武装干部群众是全面打赢脱贫攻坚战的制胜法宝。全面打赢脱贫攻坚战不仅需要参与脱贫攻坚的各级干部不畏艰难，以艰苦创业的精神为改变贫困群众的生活而努力，还需要脱贫攻坚的主体——贫困人口激发其内生动力，以其自主能动性改善贫困面貌。这就需要以优秀的精神置换脱贫攻坚干部的"懒政、不作为"传统心理，以及贫困人口"等靠要"的贫困思维。兰考县以"亲民爱民、艰苦奋斗、科学求实、迎难而上、无私奉献"的焦裕禄精神为法宝，全面激发了全县各个方面的脱贫攻坚斗志，形成了脱贫攻坚的强大的干群合力。

案例 3　以红色精神助力脱贫摘帽

江西省吉安市井冈山是中国革命的摇篮。从井冈山开始，中国革命立足实际，坚持理论与中国国情相结合，开辟了符合中国发展的革命道路，铸就了伟大的井冈山精神。中国革命火焰从此以燎原之势在华夏大地燃烧，推动革命走向全面的胜利。在新时代，跨越时空的井冈山精神依旧照耀着这片红色土地。全面打响脱贫攻坚战以来，江西省井冈山市委、市政府坚持以习近平新时代中国特色社会主义思想为指导，牢记2016年2月习近平总书记视察井冈山时的叮嘱："井冈山市要在脱贫攻坚中作示范、带好头"。井冈山人民以井冈山精神为动力源泉，坚定脱贫攻坚的信念，凝心聚力、埋头苦干、奋勇前进，在全国率先实现了脱贫摘帽。

井冈山地区的贫困成因具有多维性和复杂性。通过对贫困人口致贫原因的深入调查分析发现，井冈山贫困人口主要是三因三缺（即因病、因残、因学，缺劳动力、缺技术、缺资金）造成的。在井冈山这样的"三区"（革命老区、边远山区、贫困地区）叠加的地方，由于生态环境脆弱、经济发展缓慢、缺乏引领性经济产业，致使基础设施不健全、社会保障体系仍需不断完善，这样的恶性循环的发展方式导致深度贫困地区脱贫攻坚任重而道远，贫困人口的基本生活难以从根本上发生改变。如何摆脱贫困，带领老区人民脱贫致富奔小康？这是井冈山市委、市政府肩负的时代重托和使命。

（一）以井冈山精神为引领，明确"两个率先"工作目标

井冈山坚持以跨越时空的井冈山精神为指引，围绕"率先脱贫、率先小康"的工作目标，把精准扶贫真正抓实抓细。自从全面打响脱贫攻坚战以来，井冈山作为革命老区，如何让贫困人口实现脱贫，落实总书记的嘱托？井冈山市委、市政府在贫困面前没有退缩，带领全

市人民克难前进、苦干实干，围绕"率先脱贫、率先小康"的"两个率先"工作目标，认真贯彻落实国家精准扶贫精准脱贫重大决策和部署，同时也结合地方实际情况形成创新的举措，把精准扶贫真正抓实抓细。

一是为了保证精准识别，井冈山推出"三卡识别"方法，解决好"扶持谁"的问题。即在精准识别建档立卡时，将贫困户按贫困程度细分为红卡特困户、蓝卡一般贫困户、黄卡脱贫边缘户，使因户因人分类施策更加精准、更加具有针对性。

二是建立"321"帮扶工作机制，解决好"谁来扶"的问题。即县处级以上领导干部帮扶3户，科级干部帮扶2户，一般党员干部帮扶1户，全市3200多名党员干部联系帮扶4638户贫困户；全市组成25个扶贫团、126个驻村工作队，奔赴精准扶贫一线战场，做到乡乡都有扶贫团，村村都有"第一书记"和驻村工作队，户户贫困户都有一名以上帮扶责任人。

三是推进"五个起来"分类精准施策，解决好"怎么扶"的问题。即"有能力"的"扶起来"，"扶不了"的"带起来"，"带不了"的"保起来"，"住不了"的"建起来"，"建好了"的"靓起来"，确保精准扶贫不落下一个贫困群众，确保全市贫困人口如期实现"两不愁、三保障"的脱贫目标。

四是实行"四卡合一、三表公开"，解决好"如何退"的问题。即把贫困户的"基本信息卡、帮扶记录卡、政策明白卡、收益登记卡"四卡合一，做到贫困户的家庭情况清清楚楚，贫困户的实际收入明明白白。通过对红、蓝、黄三卡户《贫困户收益确认公开表》在有限范围内公示公开，严格进退程序，做到应进则进、应退则退，实现动态管理。

（二）开展扶贫扶志行动，激发贫困人口内生动力

井冈山市委、市政府以跨越时空的井冈山精神为动力源，扎实推进"志智双扶"工程，努力增强贫困群体的脱贫信念，培育贫困人口

自力更生的意识。井冈山不等不靠不要，以实际行动推动跨越时空的井冈山精神光芒在脱贫攻坚战中持续闪耀。

一是干部帮带激励。做实干部包联工作，要求帮扶干部逐家入户走访，宣讲政策，鼓励打气，帮助贫困户分析脱贫致富有利条件，协助制订切实可行的脱贫计划，培养主动性，调动积极性，激发进取心。

二是"三会两榜"激励。"三会"为培训会、点评会、道德评议会。培训会以实用技术、实用知识为主，提升贫困人口劳动技能。点评会是驻村领导、帮扶干部、村"两委"成员和村里所有贫困户共同参与的会议，首先贫困户对照脱贫攻坚责任清单，逐户汇报项目落实情况；其次驻村领导、帮扶干部、村"两委"成员逐户进行点评，肯定成绩，提出建议，研究解决的具体措施；同时评出"好、中、差"三个类型，对"好"的表扬，"中"的提出要求，"差"的重点落实包帮责任。道德评议会是对勤劳致富的贫困户，评定为先进典型；对"等靠要"内生动力不足的贫困户，教育引导其自我反省，转变思想。"两榜"为优秀脱贫户榜、优秀帮扶干部榜，对表现优秀的脱贫户上"红榜"，对表现优秀的帮扶干部上"红榜"。

三是考核激励。井冈山每个季度组织乡、村两级干部和驻村第一书记、结对帮扶干部对全市黄、蓝、红卡户进行服务大局、遵纪守法、乡风文明、移风易俗、自力更生等方面的考核。考核评分在全乡镇排名前3名的贫困户，颁发奖状并给予一定的物质奖励；不足60分的，由帮扶干部对贫困户进行思想教育，并取消一年内物质慰问走访资格。井冈山不仅重视物质脱贫，更强调精神脱贫，提升脱贫成效，让贫困户既富了"口袋"又富了"脑袋"，实现稳定长效脱贫。

（三）筑牢产业发展根基，确保脱贫致富的可持续性

一是注重致富产业发展，找准增收新路子。依托产业基础和资源禀赋，继续推进"四个一"产业就业发展模式，实现家家有产业。通过农旅结合，创造就业岗位，确保充分就业。培育好产业的龙头企业

和新型合作组织，带动产业发展，带动农民增收。通过奖补政策，强化农户与企业、合作社的利益联结。

二是注重区域经济发展，培育增收新动力。通过区域经济的发展，可以托起脱贫攻坚，实现强市富民。为此，井冈山提出了"红色最红、绿色最绿、脱贫最好，在全面小康的征程中实现经济社会跨越发展"的"三最一跨"奋斗目标，深入打造高质量、跨越式发展的"井冈山样板"。

三是注重就业与产业融合，培育增收新渠道。通过开发岗位、技能培训、就业服务等措施，确保全市群众充分就业。对有力无业的进行岗位扶持；对有业无钱的给予金融倾斜；对有智无技的加大培训。针对"一方水土养不活一方人"的深山区，引导群众向园区、城区、景区转移，通过基础设施和公交一体化配套，让他们"白天进区务工就业，晚上回家照顾家庭"，实现了"一个梦想家园"，带活了一方水土，确保"一人就业，全家脱贫"。

（四）健全社会保障体系，解决贫困人口后顾之忧

井冈山建立教育、医疗、住房、社保四大兜底机制，解决贫困人口的后顾之忧，保证在全面小康路上一人不落。

一是围绕"人人有学上，人人上好学，人人都学好"的目标，建立了立体式的教育精准扶贫模式，实现"三个全覆盖"即资助全覆盖、薄改全覆盖、强师全覆盖。统计显示，井冈山市先后投入资金1.1亿元用于校园基础设施建设，相继实施学校标准化建设、薄弱学校改造项目150多个。全市改造薄弱学校35所，完成校舍建设面积3万平方米、运动场建设面积4万平方米。

二是建立了"六重医疗保障"（即基本医保、大病保险、补充保险、重疾护理、意外伤害险、门诊统筹），实现建档立卡贫困人口住院医疗费用实际报销比例达到90%，大幅度减轻贫困人口看病负担。为建档立卡贫困人口提供家庭医生签约服务，截至2018年底，井冈山市建档立卡贫困患者家庭医生签约率达100%，贫困人口重点人群

履约率为 100%。

三是对所有群众住房进行全面保障，健全住房兜底保障机制，确保家家户户都有安全住房。首先，采取"四个一点"确保"建得起"。采取政府补一点、群众出一点、社会捐一点、扶贫资金给一点的办法筹措资金，采取拆旧建新、维修加固、移民搬迁、政府代建 4 种建房模式，确保"建得起"。其次，实施"两套方案"确保"搬得出"。一方面，针对一般贫困户，采取奖补政策叠加的办法，分户组织实施；另一方面，针对特别贫困户，采取政府代建"爱心公寓"交钥匙的办法集中安置。最后，完善"两类配套"确保"住得好"。一方面，针对就地新建或改造的，重点抓好村庄整治和基础设施配套，让贫困户住上安居房，拥有美丽家园；另一方面，针对移民异地搬迁的，重点抓好就业和产业配套，着力解决产业配套问题，确保搬迁户有就业、有收入。2014 年以来，搬迁移民工程累计投入 4842 万元，易地搬迁贫困户入住率达到 100%。截至 2018 年底，共有 1292 户5637 人完成移民搬迁。

四是将低保政策向贫困户聚焦，推进贫困线和低保线"双线融合"，逐步实现"两项制度"衔接。数据显示，"两项制度"衔接共覆盖井冈山市农村贫困人口 19686 人，占当年农村总人口的 16%。其中纳入建档立卡系统的贫困人口 16934 人，其中含扶贫低保人口3783 人，另有建档立卡之外的纯低保人口 2752 人。这保障了农村最困难人群"不愁吃、不愁穿"，确保实现"低保兜底脱贫一批"的目标。

三 案例评析

2017 年 2 月 26 日，井冈山市在全国 832 个国家贫困县市区中率先正式实现脱贫摘帽，井冈山市贫困发生率由 2014年初的 13.8% 降至 2016 年底的 1.6%。2018 年底井冈山市贫困发生率再降至 0.25%，交出了一份脱贫攻坚井冈山答卷。井冈山率先脱贫摘帽的典型示范意义毋庸置疑，许多首创性和开拓性的做法为全国树立"脱贫样本"，为其他脱贫摘帽县尤其是革命老区摘帽县，提供了借鉴和启示。

其一，党建引领是打赢打好脱贫攻坚战的基石。给钱给物不如给个好支部。打赢打好脱贫攻坚战，党组织是基础，着力打造一支政治品格好、群众威望高、带动能力强的基层党组织队伍，真正发挥好基层党组织在破解脱贫攻坚难题和瓶颈中的堡垒作用。井冈山脱贫摘帽展现了党的担当，井冈山是过去的"贫困样本"，如今的"脱贫样本"，为全国树立了典型。井冈山践行了党的初心，实现党对人民的承诺，即让老区人民过上幸福美好生活。另外，还传扬了党的精神，井冈山率先脱贫摘帽，筑就了一个开拓创新的伟大实践，是跨越时空的井冈山精神的生动注解，也是习近平总书记关于扶贫重要论述的生动注解。井冈山在全国率先脱贫摘帽是"干"出来的，其"底气"来自于井冈山党建工作深度融入脱贫攻坚，来自于市委对打赢脱贫攻坚战的坚强领导。井冈山的实践证明，只有强化党的领导，充分发挥党的政治优势、组织优势和密切联系群众优势，坚持脚踏实地、艰苦奋斗、奋发有为、真抓实干，才能打赢脱贫攻坚战。

其二，推进红色文化与精准扶贫有机结合是脱贫攻坚的精神支撑。井冈山精神是长期历史积淀的精华，是山区人民的"精神粮食"。在脱贫攻坚中，井冈山人民充分发挥井冈山精神，坚定脱贫的理想信念，实事求是地开创新路径，勇闯扶贫中的难关，并依靠群众求得攻坚胜利。井冈山市还以井冈山精神为指导，激发扶贫队伍的干劲和斗志。作为井冈山精神的发源地，扶贫干部不断从井冈山精神汲取强大的信念使命力量，把跨越时空的井冈山精神作为脱贫致富的"红色引擎"和胜利保证，带领贫困群众一块冲、一块干。纵观井冈山率先脱贫摘帽路径，红色基因在抓党建促脱贫中传承，彰显了其对现实问题的解释力和指导力，彰显了其实际运用的有效性，形成了强大的凝聚力和引领力。实践证明，它能凝聚起广大群众的斗志和力量，激活久久为功、决战决胜的初心、信念，形成不竭精神动力。

其三，建立系统性的脱贫措施是脱贫攻坚的关键所在。脱贫不是"头痛医头，脚痛医脚"的点状式工程，而是一个系统性的工程，全面脱贫需要各方面相互配合，共同发力。井冈山脱贫成功关键在于精确瞄准"靶心"。在实践中，井冈山立足脱贫要素，坚持问题导向，探索了精准识别、精准管理、精准施策、精准考评、精准长效等多个精准举措，破解"扶持谁、谁来扶、怎么扶、如何退、可持续"等难题，真正落实"让贫困群众在脱贫奔小康的路上，一个也不能少"，这是决战决胜、率先脱贫的关键要点。

其四，建立稳定脱贫长效机制是重要保障。脱贫攻坚是一项系统化工程，打赢脱贫攻坚战需要全面的、系统的政策体系。首先注重顶层制度设计，脱贫攻坚工作的有效开展和稳定机制需要制度的"导航"，科学完善的政策体系，为扶贫开发工作细化扶贫程序、强化监督机制提供制度性支撑。其次保证政策体系的延续性，井冈山率先脱贫摘帽的基本经验是，秉承"承前启后、继往开来"的理念，对脱贫攻坚、对区域发展，保持发展定力，一届接着一届干，赢得了今天井冈山的跨越式、可持续的良好发展局面。因此脱贫攻坚不能只顾眼前，应着眼长远发展，实现贫困治理逐渐向常规化和制度化转变，不断巩固提升脱贫成效，建立稳定脱贫长效机制。另一方面，脱贫攻坚的力量不能仅仅依靠政府主导，需要动员引导社会主体、引入社会力量，形成多方参与的扶贫开发治理格局，构建政府、市场、社会协同推进的大扶贫格局。这是具有中国特色的扶贫开发基本经验之一，也是打赢脱贫攻坚战的重要力量保证。

案例4 党建与脱贫协同推进

云南省丽江市玉龙纳西族自治县（以下简称玉龙县）位于云南省西北部，是全国唯一的纳西族自治县。2004年被列为省级扶贫开发工作重点县，2010年被列为滇西边境连片特困地区县，是云南省首批脱贫摘帽的15个县之一。玉龙县脱贫摘帽的经验集中体现为以党建促脱贫，即以基层服务型党组织建设为导向，以基层党建与脱贫攻坚"双推进"为抓手，以县、乡、村、组四级党的建设与脱贫攻坚"双提升"工程为标志。

玉龙县基层党建紧贴中央和省级党的建设工作，深入学习贯彻习近平总书记考察云南重要讲话精神，谋划和践行基层服务型党组织重点工作，并将基层党建列为全局工作之首。2014年11月3日，玉龙县制定了《关于加强基层服务型党组织建设的实施意见》，明确"通过三年努力，力争一年布局突破、两年全面提升、三年实现'三个显著'成效，即全县基层党组织服务意识显著增强、服务能力显著提高和服务效能显著提升"。2015年7月，玉龙县进一步强调"谋划全局工作时不忘基层党建，部署全局工作时不忘基层党建，推动全局工作时不忘基层党建"。

（一）践行党的宗旨和初心，明确基层党建的价值和意义

玉龙县委针对基层服务型党组织建设工作，明确指出"建设基层服务型党组织，是建设学习型、服务型、创新型马克思主义执政党的

基础工程，对基层党组织功能定位认识的深化和飞跃。对于密切党同人民群众的血肉联系，提高党的执政能力，夯实党的执政基础具有重要意义"。为此，将基层党组织的功能定位于，以服务群众、做群众工作为主要任务，以改革创新为动力，以群众满意为根本标准，实现领导变服务、党务变业务，促使基层党组织建设转型升级，并将服务改革、服务发展、服务民生、服务党员作为主方向。同时，牢牢把握新常态下党建规律，树立"以抓党建是本职，不抓党建是失职，抓不好党建是不称职"的责任意识，把基层党建工作放在巩固党的执政基础的高度，放在推动全县经济社会发展的有力抓手的重要位置，使党的建设真正与时代同步。

（二）强化基层党组织的制度建设和机制创新

一是建立了党委领导班子党建工作联系点制度、第一书记管理制度和软弱涣散党组织动态监测机制。认真落实"联述联评联考"制度，明晰党建工作中存在的困难和问题，建立问题、整改、责任三方面清单台账。

二是全面实行党务、政务、村务、财务公开，无职党员设岗定责，"1＋x"党员联系群众和"四议两公开"等工作制度，严肃查处乡村干部中存在的不正之风和违法违纪行为，切实做到用制度管人、管事，进一步规范了管理、严明了纪律、促进了工作。

三是完善修订了《党建工作联系点制度》《玉龙县村干部考核管理办法》《玉龙县工作学习制度》等十余项制度，严格考核乡村干部队伍，严格管理农村党员队伍。

（三）贯通基层党组织的组织体系

以基层服务型党组织建设为目标，玉龙县设计了以组织力为核心、以三大平台子系统为抓手的制度体系，建设了一套上下贯通、横向关联的党建架构。这个体系又被称为"四梁八柱"，即工作体系、制度体系、保障体系和平台子系统，整套以基层和群众需求为根本导向的组织运行体系、服务管理体系、服务保障体系和考核评价体系得以功能明晰的建立，使基层党组织战斗堡垒作用和党员的先锋模范作用的发挥有了真实可靠的平台。

（四）开展"玉龙先锋村"创建活动

玉龙县以强化农村基层党组织政治功能、推进"基层党建提升年"工作和决战决胜脱贫攻坚为目标要求，坚持抓基层、打基础、强能力、促发展，带动农村各项工作整体上水平、上台阶，在全县农村党组织中开展"玉龙脱贫攻坚先锋村""玉龙基层党建先锋村""玉龙产业发展先锋村""玉龙美丽乡村先锋村""玉龙民族团结先锋村"5 个"先锋村"争创活动，建立健全激励机制，细化各"先锋村"评分标准，每年评选一次，每评上一个"先锋村"，村党总支书记、主任工作报酬每人每月提高 500 元，其他村干部提高 300 元。发挥典型示范引领作用，带动全县农村各项工作整体上水平、上台阶，实现基层组织强、干部队伍优、人民群众富、人居环境美、社会反映好的目标。

（五）以基层党建创新助推产业扶贫

以"红色信贷"为载体，为基层党建助推产业扶贫提供实现路径。针对贫困户发展产业能力欠缺等短板，培育产业基础，使产业扶贫有可传递的经验，有带头干的能人，有强、弱合作的组织基础。其操作方式是摆脱产业起步瓶颈缺资金的困境，用"红色信贷"机制撬动党员投身并引领产业发展。自 2014 年至 2018 年 4 月，玉龙县已为462 名党员发放"红色信贷"6102 万元，且逐年呈增大趋势。同时，以村集体经济壮大为抓手，实现基层党建促脱贫攻坚。以"党总支 + 合作社 + 村民入股 + 受益分红"的模式，财政收入部分股金收益作为村党组织集体资金；把发展村级集体经济作为基层党建的硬任务，逐村逐项推动项目落地。村级集体经济的主要创收方式有产业带动、服务创收、招商合作、资源开发、租赁经营等。

🗨 案例评析

在打赢脱贫攻坚战的过程中，党的建设与脱贫攻坚形成了有机衔接与良性互动的关系。一方面，基于中国的制度优势，党的建设强化了脱贫攻坚的责任能力和行动能力，为建立健全贫困治理体系提供了组织支撑，并为如期脱贫摘帽和高质量脱贫提供了体制保障；另一方面，脱贫攻坚为党的建设提供了实现平台和基本依托，锻造了党员干部队伍，提升了贫困地区党组织的执政能力和实战能力，为基层党组织的制度优势转化为治理效能提供了实施条件。

其一，党性建设是党建促脱贫的价值前提。习近平总书记在庆祝中国共产党成立 95 周年大会上指出："先进性和纯洁性是马克思主义政党的本质属性。"玉龙县的脱贫攻坚，坚持党建和扶贫工作"双推进""双提升"，在取得脱贫摘帽重大胜利的同时，也全面提升了党组织的先进性；强化党员干部的党性建设，以党性建设全面引领干部队伍的纪律建设和作风建设，增强了党组织的纯洁性。玉龙县将各项工作做实，摈弃了过去简单强调"文件学习"和"会议落实"的形式，而是系统化地将党的方针、理论学习与提供引领脱贫攻坚机会、建立支持机制紧密结合，完善监督和激励机制，支持党员干部在脱贫攻坚实践中强化党性修养。

其二，组织建设是党建促脱贫的组织基础。玉龙县以"双推进""双提升"为主要特征的抓党建促脱贫工作，把基层组织建实、建强作为基本手段和目标。随着脱贫攻坚任务的落实，玉龙县党建工作以多种方式，强化监督和激励机制建设，促进基层组织和基层党员在行动过程中强化组织建设。随着"双推进""双提升"工作的推动，不断支持基层党组织引领脱贫攻坚落地机制的完善，使得基层党组织和党员干部起到了良好带头示范作用，为更多的乡村精英树立了榜样，一大批优秀青年农民被吸引，在脱贫攻坚过程中重新认识、理解党的方针政策和先进性，并有了学习、借鉴的榜样，主动向党靠拢，成为入党积极分子，增强了党组织的引领力和吸引力。

其三，能力建设是党建促脱贫的基本依托。基层党组织和基层党员要在脱贫攻坚过程中更好发挥引领作用，与时俱进的工作能力提升是关键。玉龙县通过开展各项培训活动，出台支持农村党员带头发展、率先发展的政策措施，强化对基层党组织工作方法和工作水平的创新推动，确保脱贫攻坚与基层治理同步推进。在这一过程中，基层组织和基层党员的工作能力得到了强化，工作视野得到了开拓，为脱贫摘帽、实现善治建立了良好的能力基础。玉龙县"双推进""双提升"工作，以系统性的机制建设，全面提升了基层党组织的"六力"（即引领力、组织力、服务力、治理力、团结力、鲜活力），为脱贫攻坚成效的可持续提供了重要保障和根本性基础。

A N L I P I N G X I

案例5 党建和扶贫纲目并举

四川省巴中市地处四川省东北部，是秦巴山片区三大中心城市之一，是全国第二大苏区——川陕革命根据地的中心和首府，是集中连片特困地区。1993年从原达县地区划出设地区，2000年年底撤地建市，辖3县2区和1个省级经济技术开发区，188个乡（镇），2380个村。辖区面积1.23万平方公里，耕地面积228万亩，素有"八山一水一分田"之称。

2017 年以来，四川省巴中市发扬"智勇坚定、排难创新、团结奋斗、不胜不休"的红军精神和"宁愿苦干、不愿苦熬"的巴中扶贫精神，逐步形成了以党建为"纲"，以对标补短、干部驻村、励志扶贫、资源聚合、督查考评和作风治理"六大扶贫行动"为"目"的"1＋6"精准扶贫开发模式，探索出了一条精准扶贫的新路子。2017 年，巴中市巴州区、恩阳区摘帽，215 个贫困村出列，9.53 万贫困人口脱贫。

（一）以党建为"纲"，建强脱贫攻坚主力军

实施选优建强工程。采取"把致富能手培养成党员，把党员培养成致富能手，把优秀党员培养成支部书记"的方法，培养 311 名致富能手成为支部书记。采取派驻工作组蹲点整顿、领导干部联系指导、第一书记帮助转化、帮扶单位结对等方式。推进村级后备干部培育，为每个贫困村储备 3 名以上 35 岁左右、高中及以上文化程度的村级后备干部，为每个有贫困人口的非贫困村储备 2 名以上后备干部。实施党员精准扶贫示范工程，常态开展"走基层"活动，切实解决好群众民生实事。开展机关带基层、强村带弱村、专合社带农户的"三带"活动，通过组织联建、人才联户、产业联促、治理联抓等方式，推进农村组织、人才、产业同步提升。创新乡带村、村带户"双带"机制，村"两委"负责人创办领办扶贫产业示范园（试验园），提升贫困户发展产业的信心和效益。

实施全员培训工程。制定《关于聚焦打好精准脱贫攻坚战加强干部教育培训的实施方案》，采取"市上重点培训、区县全员轮训、乡镇（街道）常态培训"的方式，通过点名调训、集中轮训、专题辅导、现场观摩等形式，确保全市各级干部特别是村"两委"干部和后备干部每年至少参加一次脱贫攻坚专题培训。2017 年以来，全市共举办脱贫攻坚培训班 700 余次，实现了村"两委"负责人参训全覆盖。

实施集体经济工程。对集体资源进行有效整合，以发包出租、入

股分红、合股经营等方式增加收入；对闲置办公用房、校舍、生产设施等通过依法改造、资产重组、直接租赁等方式实行滚动发展；对有产业基础的村，通过自主开发或引进业主，创办领办农家乐、采摘园、度假村，兴办农产品包装、贮藏、加工、运输、网上营销等服务项目增加收入。同时，构建风险防范机制，组建村集体经济管理公司，加强集体经济组织的投资活动、投资规模和经营性债务规模的监控和预警，避免出现不可控因素。

实施激励约束工程。每年评选表扬一批脱贫攻坚先进集体和先进个人，提拔重用一批脱贫攻坚一线干部。建立脱贫攻坚约谈、诫勉谈话机制，对工作推进不力的在全市电视电话会上作检讨性发言。2017年来，全市提拔重用脱贫攻坚一线干部1200余人，因脱贫攻坚工作不力受到党纪政纪处分274人，移送司法4人，通报曝光典型案件419个共319人。

实施村社明责工程。直接明确村社责任，要求村社做好精准识别、落实扶贫政策，组织和带领群众实施扶贫项目、参与监督管理、深化村民自治、推进信息公开和反馈等工作。对于扶贫攻坚"一岗双责"年度任务完不成的村，对其帮扶单位和所在乡镇工作实行"一票否决"。采取"责任制＋清单制"的办法，督促各地各部门特别是村社一级按照举一反三、长久见效的原则切实整改脱贫攻坚各类问题。

（二）以"六大扶贫行动"为"目"，切实提升脱贫攻坚成效

一是开展对标补短行动。采取市级蹲点排查和区县全面排查的方式，逐村逐户逐人对照脱贫标准列出脱贫短板需求，并以此制定到村到户的脱贫攻坚项目库。

产业就业确保吃穿不愁。推行一个产业、一个市级领导、一个推进专班、一套方案的"四个一"工作机制，整体联动发展茶叶、核桃、道地药材和生态养殖"四大特色农业产业"，构建与贫困户的利益链接机制，同步发展以户为单位的小果园、小菜园、小禽园、小药园、小池园等"五园"经济。深化"一村一就业扶贫站点、一村一

主导产业、一村一电商平台"就业扶贫模式，已建"扶贫车间"21个，开展贫困户职业技能培训1.57万人以上，贫困劳动力转移就业18.9万人。

创新住房安全保障实施机制。坚持"三不三搬三为主"（不超标、不豪华、不闲置，搬得准、搬得顺、搬得富，政府主导、群众主体、市场主力），实施易地扶贫搬迁，统筹运用危旧房改造、地质灾害避让、土地增减挂钩等政策，完善安置区基础和公共服务设施，"十三五"建档立卡贫困人口易地扶贫搬迁住房建成率99.9%，入住率93.2%。

创新医疗保障实施机制。创新四分四统一（分级筹资，统一建立基金；分类扶助，统一政策标准；分量负担，统一办理流程；分层控费，统一诊疗管理）实施办法，建立医疗扶助基金，实行"一站式"即时结算，市内各医疗机构均建立"绿色通道"，全市精准识别的14.45万户、49.4万建档立卡贫困人口全部纳入扶助范围，确保县域内住院病人个人医疗支出在10%以内。

创新教育保障实施机制。创新"五专五到"（贫困资助专款，建档立卡家庭学生救助到人；招生计划专列，优质学校上学机会惠及到人；职业技能专培，贫困人口技能培训精准到人；特殊学生专惠，弱势人群关爱措施落实到人；贫困村校专建，薄弱学校标准化建设到村的教育扶助机制），让所有贫困学生均得到教育资助。

二是深化干部驻村行动。首先是全员参与帮。在实现贫困村"五个一"（一名责任领导、一个帮扶单位、一名"第一书记"、一个驻村工作组、一名驻村农技员）和非贫困村"三个一"（选派一名"第一书记"、一支农技巡回小组、每户落实一名责任人）帮扶基础上，未摘帽的南江县、通江县和平昌县根据每个村贫困人口数量选派6~8人的驻村工作队，全脱产驻扎在村上，实现所有行政村帮扶工作队全覆盖。其次是强能对需帮。细化五条业务指导措施，即编制一张政策明白卡、落实一本帮扶手册、制作一套痕迹管理目录、编印一本精细化工作指导手册、印发一本群众工作参考指南，指导帮扶干部精细

"绣花"。第三是严实真心帮。编制《巴中市贫困村驻村工作队职责任务清单》，明确工作任务，全过程监督帮扶政策兑现和帮扶措施落地，全过程检验帮扶实效和群众认可度。全市共组建驻村工作队1801个、选派驻村干部6958人、第一书记2332名、驻村农技员754名、落实帮户党员干部70256名，实现党员干部与贫困户结对帮扶"双向全覆盖"。

三是实施励志扶贫行动。第一，健全工作制度。印发《巴中市脱贫攻坚群众工作参考指南》和《巴中市励志扶贫工作方案》，把群众工作融入干部帮扶工作全过程，重点采取忆苦、思甜、答疑、展望未来等引导措施，让贫困户看到变化、坚定信心、增强认同。第二，完善帮扶举措。针对致贫原因和脱贫需求，与贫困户商量制定脱贫规划，落实帮扶措施，切实解决具体困难和问题，让贫困群众有实实在在的获得感。第三，完善约束机制。在每个行政村建立健全《村规民约》，创新帮扶干部与帮扶对象双向承诺制度，利用农村熟人社会发挥"五老"人员引领作用。第四，开展走访活动。不定期开展"走基层、惠民生""万名干部下基层助推脱贫攻坚"等活动，倾听群众诉求，收集意见建议，分类限时解决具体问题。第五，营造浓厚氛围。开展红军精神和扶贫精神的宣讲活动，组织群众参观红色革命教育基地，听红色故事，走红军路等激发向革命前辈学习致敬的热情。第六，开展"送技到人"。将巴中市职业技能培训学校、民生职业学校、启富职业培训学校等的专业进行整合，通过举办农闲班、到田间地头举办流动班、针对特殊群众举办小灶班、依托远程视频举办网络班等形式，确保每位有培训意愿的贫困家庭劳动力至少参加一次培训。

四是严肃督查考评行动。采取多种形式力促责任落实和政策落实。第一，示范带动。市委、市政府主要领导每年主动新增联系年度摘帽县贫困村，不定期深入村、户开展督查暗访，带动督促面上工作推进。第二，暗访督查。成立由市纪委监委牵头的脱贫攻坚暗访督查办公室，每天向主要领导汇报暗访情况，每周研判一次，每月一次通报。市脱贫攻坚办不定期开展监督检查，对各方面发现反馈的各类问题及时梳理汇总，跟踪督促整改，每半月会商一次。第三，从严考核。将各级各部门均纳入脱贫攻坚目标考核对象，脱贫攻坚考核权重不低于 20 分，考核结果在政府门户网站公示。第四，多方监督。市人大、市政协联系领导每季至少一次到联系区县开展脱贫攻坚专项督导，畅通社会监督、媒体监督、群众监督渠道，倒逼各项工作落到实处。第五，现场点验。每两月分区县召开一次脱贫攻坚流动现场会，采取随机"点菜"的方式抽取参观点位，进一步激发各地你追我赶的工作激情。

五是创新资源聚合行动。首先，建立涉农资金统筹整合长效机制，将中央、省的 35 个可整合涉农项目全部纳入整合范围，资金使用实行负面清单管理，打破了"打酱油的钱不能买醋"的僵局。其次，健全"四项扶贫基金"稳定补充长效机制，确保区县教育、医疗扶贫救助基金规模不低于 500 万元。创新金融投入，严格按照相关政策要点，为贫困户发放扶贫小额信贷，杜绝户贷企用，随意更改贷款用途。然后，建立企业带动贫困户与金融支持的挂钩机制，对带动贫困户的企业发放扶贫再贷款，同时开发出针对易地扶贫搬迁、产业发展、基础设施和公共服务的特惠扶贫贷款产品，努力提升保险的深度和广度。最后，激活市场投入，推进"六个盘活"，吸引更多民间资本进入脱贫攻坚领域。动员社会参与，利用"社会扶贫网"等平台，扎实开展好"扶贫助学""万企帮万村""微孝暖夕""顶梁柱"等社会扶贫活动，与浙江丽水实现东西扶贫协作，香港各界扶贫促进会定点帮扶南江县。

六是推进作风治理行动。其一，完善举报追查制度、线索移交制度、通报曝光制度和责任追究制度，按照"删繁就简"原则，全市统一规范《巴中市建档立卡贫困户脱贫攻坚登记台账》，制定《精简文件简报十条措施》《规范到基层各类检查活动六条措施》，切实减轻基层填表报数和迎检负担。其二，制定《巴中市扶贫项目资金公告公示实施细则》，严好"筹集、分配、拨付、公示、绩效"五道关口，让群众充分享有知情权、参与权、监督权。其三，开通领导干部政务公众微信、"巴中扶贫"微信公众号，开办"市长在线座谈"节目，市人大、市政协紧扣"扶贫领域作风问题整治",提高脱贫攻坚质量,开展脱贫攻坚专题询问和协商。

三 案例评析

其一,脱贫攻坚必须坚持党的领导。脱贫攻坚,加强领导是根本。巴中市在脱贫攻坚工作中,以党建为"纲",聚焦基层党组织的薄弱环节,采取一系列行之有效的创新办法,提升农村基层党组织能力,为脱贫攻坚提供了坚强政治保证。不仅锻造出一支永不撤走的扶贫工作队,打通了脱贫攻坚"最后一公里",而且还破解了基层党建缺抓手的难题,让基层干部得到思想升华、本领增长、作风转变,持续巩固党在基层的执政基础。这一做法启示我们,脱贫攻坚要充分发挥各级党委总揽全局、协调各方的作用,落实脱贫攻坚一把手负责制,五级书记一起抓,脱贫攻坚战才会如期圆满打赢打好。

其二,脱贫攻坚必须坚持系统推进。脱贫攻坚,标本兼治是目的。巴中市始终坚持以脱贫攻坚为统揽,"1+6"精准扶贫模式既相互独立又相互作用,是一个涉及面广的系统工程。"1+6"既有效解决了脱贫外因问题,又有效解决了脱贫内因问题;既有效改善了贫困群众的基本生活,又有效解决了贫困群众长远发展问题;既发挥了政府的主导作用,又凝聚起社会各方面的攻坚合力。这一做法启示我们,面对致贫原因的多样性、贫困个体的差异性、脱贫工作的持续性,必须增强系统思维,做到长远谋划、整体联动、综合施策、立体监督、按时交账。

其三,脱贫攻坚必须坚持群众主体。脱贫攻坚,群众动力是基础。"1+6"精准扶贫模式在外部"输血"同时,更注重内部"造血"和"失血"救助，每项工作都将群众如何参与进来作为根本考量，突出贫困群众的获得感、幸福感和满意度，特别是在励志扶贫工作上做足了文章，拿出了很多既管用又接地气的办法措施，打出了一套挖"穷根"、抽"懒筋"的组合拳。这一做法启示我们，脱贫攻坚必须坚持以人民为中心的发展观，树牢人民情怀，紧紧依靠人民，充分调动贫困群众积极性、主动性和创造性。千万不可大包大揽，替群众做主，要将政府的"独角戏"转变为干部群众的"大合唱"。

第七章

抓党建促脱贫攻坚
实践案例评析（下）

贫困乡（镇）、贫困村是畅通脱贫攻坚"最后一公里"的基本依托，贫困乡村党员干部是决定脱贫攻坚政策真正落地的关键力量。而基层党组织及其负责人往往又是关键中的关键、核心中的核心，在脱贫攻坚的政策落地中发挥着领头羊和排头兵的作用。为此，本章紧紧围绕"基层党建＋精准扶贫"，聚焦贫困乡（镇）和贫困村党组织及其负责人、党员群体，描述与分析贫困乡（镇）、贫困村如何建设与创新发展型服务型党组织，发挥党员先锋模范作用，总结基层党建引领脱贫攻坚的基本经验和启示。

综合各地实践，本章选取了具有典型意义和学习借鉴价值的 10 个贫困乡（镇）、贫困村精准扶贫精准脱贫案例进行总结和评析。这 10 个典型案例分别是：广东省紫金县金光村党支部引领"六个一"精准扶贫、湖南省新化县油溪桥村党支部激活脱贫内生动力、四川省苍溪县岫云村党支部书记李君探索脱贫新模式、河南省新蔡县大吴庄村党支部第一书记吴树兰驻村帮扶、江苏省张家港市善港村"党委＋片区党总支＋行动党支部＋功能党小组"模式、湖南怀化市楠木桥村联合党支部扶贫模式、河南省唐河县脱贫户王万才转身为预备党员、粤桂两省（区）贫困村创业致富带头人培训基地实施"两培两带两促"、广东省英德市连樟村"党建＋产业"实现村企共建、贵州省安顺市大坝村"党建＋产业化联合体"。这些案例，按照顺序，每两个大致属于同一类型。10 个案例大致可以分为五种类型，即基层党支部引领脱贫攻坚、贫困村党支部书记带领贫困户脱贫致富、创新基层党组织架构与党建扶贫模式、实现贫困村党员干部与致富带头人互促互转、基层党建引领贫困村产业发展。

基层党支部引领脱贫攻坚

案例 6 | 基层党支部引领脱贫攻坚的金光村实践

广东省紫金县九和镇金光村，地处粤北山区，是广东省省定贫困村之一。全村 282 户中有 33 户贫困户，2015 年人均年收入仅 6515 元，10 平方公里的总面积仅有平地 1000 亩。村里仅有的几公里乡村公路，坑坑洼洼，别说汽车，连摩托车，都很难开进去。

2016 年，广东省委省政府组织开展新一轮精准扶贫，省交通运输厅定点帮扶金光村。驻村扶贫工作队以党建为引领，制定落实"强一个支部、修一条道路、建一个基地、推一个品牌、富一方群众、树一个示范"的"六个一"措施，立足交通，发挥交通扶贫优势，投资 1.49 亿元将辐射带动地方经济发展的 8.49 公里道路升级改造为二级省道，建造精准扶贫精准脱贫工作的"金光大道"。因地制宜推进"四好"农村路建设，实现户户通水泥路面，给群众打开一扇脱贫致富的大门。

以党建引领铺筑新时代脱贫攻坚的"金光大道"，金光村所有贫困户都达到脱贫标准，村集体收入从 2015 年的 34000 元提高到了 2018 年年底的 22.9 万元，全村人均年收入从 2015 年的 6515 元提高到 2018 年年底的 13000 元，水利、学校等设施焕然一新，党群服务中心、村民健身文化广场、卫生站、污水处理池等一大批基础设施落成投入使用，村容村貌得到大幅提升，真正实现了从"精光村"到"金光村"的华丽转身。

（一）党建为先，强一个支部

金光村始终把党建作为核心抓手，力图打造领导一切工作的坚强战斗堡垒。采取"三个行动、三个结对、三个建设、三个融合"的

"四个三"举措，凝聚民心，提升民气，促进了村民的精神、观念和认识的根本转变。一是坚持开展党性教育、党员归位和党员示范三个行动，充分发挥基层党组织战斗堡垒作用和党员先锋模范作用。42名党员全部理顺了组织关系、明确了权利义务，近年来成功吸引外出青年党员回乡担任支部书记，发展培养了1名预备党员和10名入党积极分子，充实了组织力量。二是金光村党员一对一挂扶一户贫困户，党员一对一挂钩一个乡村振兴项目，帮扶单位党组织一对一挂钩一个贫困户。进一步发挥党员干部服务基层、服务群众、帮扶贫困户的帮带作用，紧紧依靠党员推动扶贫攻坚和乡村振兴向纵深发展。三是强化党建阵地、基层制度、乡风文明"三个建设"，夯实党的执政根基，发挥农村基层党组织在推动发展、服务群众、凝聚人心、促进和谐中的领导核心作用。四是将党建工作与脱贫攻坚、社会治理、品牌项目相互融合，实现了党建和"四好农村路"建设两融合两促进，充分发挥党建工作在建好、管好、护好和运营好农村道路的作用，通过"四好农村路"建设促进乡村振兴。

（二）立足交通，修一条道路

充分发挥交通扶贫的优势，站在改善交通大环境的角度谋划长远发展，利用河惠莞高金光出口的有利条件，投资1.49亿元将县道157线九和圩镇到御临门温泉度假区约8.55公里的道路升级改造为二级省道，铺筑精准扶贫的一条"金光大道"。农村公路建设不仅20户以上自然村村道路面硬底化，还实现户户通水泥路面，通过推进"四好农村路"建设消除制约农村发展的交通瓶颈，以交通促精准定点扶贫。

（三）造血扶贫，建一个基地

积极引进种植红肉蜜柚的龙头企业——御园果业，合作建设了200亩的红肉蜜柚产业扶贫基地。项目总投资230万元，其中，交通厅投资100万元，通过采取"公司＋基地＋农民专业合作社＋村委会

+扶贫户"的经营模式，由专业种植公司和省交通运输厅负责出资，农民专业合作社负责技术管理，村委会负责分红资金的监管。御园果业每年以投资额 15% 的收益率返还作为入股分红，其中 20% 留给村委做监管工作经费，80% 全部用于贫困户的长远脱贫保障。通过产业扶贫给金光村建立长远脱贫机制。

（四）创新创业，推一个品牌

以"互联网＋"理念提出"创业扶贫"的理念，金光村与广东"村长伯伯"电子商务公司合作努力打造"村长伯伯"品牌，建立"互联网＋农村旅游"综合电商平台，实现农村行玩吃住购一站式服务，并创新网村管理模式，推动农村综合发展。引进投资 650 万元，建设占地 220 亩的金光生态园，综合红肉蜜柚基地等资源打造一个"村长伯伯"线下示范基地，引导金光村贫困户和党员群众发展乡村旅游业和农家乐经营，达到创业扶贫的目的。"村长伯伯"平台和品牌已于 2017 年开始运营，金光生态园于 2018 年 12 月 14 日正式开园迎客。多名金光村的贫困户及村民在金光生态园就业，解决了贫困户就业难题，为贫困户的持续稳定增收提供坚强的保障。线上开花，线下支撑，"村长伯伯"平台带动的创业就业机会和增收幅度将会不断得到进一步发展。

（五）长短结合，富一方群众

按照"长短结合、多产结合"的思路来制定贫困户脱贫措施。一方面，根据各户劳力、资源和自身意愿等实际情况，一户一策制定短期脱贫措施，支持贫困户短期实现脱贫，保障完成年度脱贫计划，增强贫困户脱贫信心；另一方面，通过发展红肉蜜柚基地和"村长伯伯"等产业，实施产业帮扶的措施来支持贫困户的长远和持续脱贫。2018 年年底，金光村 33 户贫困户都达到当年脱贫标准。金光村村集体收入从 2015 年的 34000 元提高到了 2018 年年底的 22.9 万元，全村人均年收入从 2015 年的 6515 元提高到 2018 年年底的 13000 元。

（六）全面建设，树一个示范

按照省委省政府对精准扶贫精准脱贫的工作部署，以建设社会主义新农村示范为目标，全面推动金光村各项事业的发展。一是落实村庄规划和实施方案。二是大力开展新农村基础设施建设。包括金光小学的改造、农田水利工程、卫生保洁、14公里村道和巷道硬底化工程、村民综合服务楼、河道疏通、污水处理、文化提升等规划项目。三是扎实开展人居环境整治工作。金光村率先建立"户收集、村中转、镇运输和县处理"的农村垃圾处理机制，试点开展上门收集垃圾并收取垃圾管理费模式。发动全村党员干部和全村群众，大力开展三清理、三拆除和三整治工作，并通过验收。四是推动精神文明建设。采用群众喜闻乐见的形式推动金光村精神文明建设。通过采取举行联欢晚会活动和建设精神文化宣传阵地等措施，进一步夯实精神文明建设基础，让金光村的村民在行为习惯、内心理念、价值追求等方面有着深刻的转变和实质的提升。

🗨 案例评析

广东省紫金县金光村在广东省交通运输厅的精准定点扶贫帮扶下，以党建引领，发挥交通扶贫特色，建设了带动辐射当地经济发展的精准扶贫项目金光大道，并以"互联网＋农村旅游资源综合服务"模式打造"村长伯伯"农村电子商务平台，开辟了另一条产业帮扶的"金光大道"，让这个"四大精光村"蜕变为全面振兴的社会主义新农村建设示范村"金光村"，成为了依托行业特色开展精准定点扶贫的"脱贫样本"，提供了脱贫的经验和启示。

其一，脱贫攻坚要坚持党建引领。"火车跑得快，全靠车头带"。金光村坚持党建引领，"一手抓扶贫，一手抓党建", 村"两委"班子当好"领头羊", 强党建、带扶贫、促发展, 充分发挥了基层党组织的战斗堡垒和党员干部的先锋模范作用, 确保了扶贫工作基层组织得力、党员干部给力、贫困群众受力。发挥党员作用, 推行优秀党员联系帮扶贫困户制度, 以党风促政风, 以政风促民风, 推动了金光村老百姓在精神、理念和认识层面不断转变提升, 从"要我强"到"我要强"。

其二, 精准扶贫要精选项目并系统推进。"要想富, 先修路", 广东省交通运输厅充分发挥交通扶贫的优势, 结合金光村的地理位置, 科学合理统筹布局, 谋划实施了"金光大道"等一批好项目, 支持地方进一步改善交通基础设施网络, 更好地发挥交通扶贫的优势。同时, "跳出交通看交通, 跳出扶贫看扶贫", 金光村不仅在扶贫中取得实效, 在基层党建、乡风文明、综合治理、文化教育等各方面得到了全面的进步和提升。通过抓整体提升的思路和措施, 实现金光村全面振兴发展, 坚持战略思维、全局思维, 整体提升乡村治理能力水平, 实现金光村在脱贫致富的"金光大道"上行稳致远。

其三, 脱贫攻坚要建立有效帮扶机制。扶贫工作首先要有一个有力的领导机制和配套制度。广东省交通运输厅定点扶贫伊始即成立驻村扶贫工作领导小组, 由厅长担任组长, 建立了厅领导、厅各处室和直属单位全面参与的机制, 制定了行之有效的资金管理、项目管理、后勤保障等制度, 有力保障了扶贫工作日常开展。厅主要领导每年深入到扶贫定点村进行现场调研, 定期听取扶贫工作队情况汇报, 把定点扶贫点脱贫攻坚工作定期列入厅党组会议专题研究。每个季度安排至少一位厅领导到定点扶贫点现场办公, 及时协调解决脱贫攻坚存在的问题。厅党成员、处室、下属单位负责人一对一挂钩一个贫困户进行帮扶, 通过挂钩贫困户了解扶贫动态，解决实际困难。优中选优选派年轻力强、作风正派、务实肯干的干部组成扶贫工作队开展一线扶贫工作，在组织、生活上给予扶贫干部关心、关爱，激励干部担当作为。

A N L I P I N G X I

案例7 油溪桥村党支部激活脱贫内生动力

湖南省新化县油溪桥村位于湖南省娄底市新化县吉庆镇东北部，曾为省级特困村。据统计，这个800多人的村庄，在2015年的贫困发生率仍然高达20%，脱贫难度大、任务重。首先，资源禀赋不足。新化县是武陵山片区县、国家扶贫开发工作重点县。油溪桥村属石灰岩干旱地区，植被少，土地蓄水能力差，人均耕地面积不足0.5亩。其次，基础设施落后。2007年以前，全村没有一米硬化公路。最后，经济增收渠道窄。村民人均收入不足800元，没有一分集体收入，村集体负债4.5万元，全村娶不到媳妇的"光棍"10多个，村里要办点事也是"手长袖子短"。村子的年轻人都纷纷外出打工谋生，劳动力外流，当地曾流传一句话"有女莫嫁油溪桥，一年四季为呷愁"。

（一）激发自立精神，变"靠天靠地"为"不等不靠"

注重激发村民脱贫致富内生动力，聚合"我要脱贫""我要振兴"的精气神，走出困境、走出贫穷、走向振兴。

一是穷则思变，拔除穷根先立志。农民自身思想的转变，是脱贫攻坚的前提。油溪桥村从转变观念和精神脱贫入手，提出"做一个有尊严的村民""不要向别人要，靠自己求发展"，通过思想宣讲、移风易俗、新风倡导、感恩教育以及典型树立等方式，引导村民树立

"人穷志不穷，脱贫靠自身"的精神和自我振兴意识，摒弃好吃懒做和等靠求要的落后观念，形成"自尊、自信、自主、自力"的共同意志，全方位激发村民参与乡村建设的主动性和创造性，共同谋求适合本村发展的出路。

二是勇于破局，迈出致富关键步。在"不等不靠"思想理念的引领下，油溪桥村开始思索在外无资金来源、内有先天不足的被动局面下寻找脱贫致富的突破口。2007年，利用油溪河边一块闲置沙洲的商业价值，以资金垫付、设备租用、劳动力自筹等方式，把闲置沙洲开发成有造血功能的停车场项目，实现租金收益20万元，挖到了村集体经济的"第一桶金"，奠定了初期经济发展的基础；2008年，创造性提出"凭、听、察、看、摸、查、调、确"八字法，大胆推进集体林权制度改革，开发荒山2000余亩，荒山开发率100%，推出一年四季有果有花的多品种多功能经果林建设，为村庄生态资源可持续发展夯实了坚实基础，坚定了村民依靠自身脱贫致富的信心和决心。

三是自力更生，"双手就是万宝山"。13年里，油溪桥人的精神字典里出现最多的就是"靠天靠地不如靠自己""自己的家乡自己建"。全体村民凭着自己的双手，以"红旗渠""挑山工"精神一锄头一锄头地挖、一扁担一扁担地挑，开山劈石、垒坝修田，逢山开路、遇水架桥，创造了一个又一个乡村奇迹，油溪桥村旧貌换新颜。为实现耕种水旱无忧和出行户户通，全体村民握紧锤子自己干，仅花费了3000元钻机费，就完成了16万元的管道沟通挖掘施工项目。12年来，全体村民为集体建设义务筹工7.6万个，修建硬化公路16公里，游步道22公里，风貌改造27栋，整修山塘6口。

（二）增强自身力量，变"软弱涣散"为"人齐心齐"

面对班子软弱涣散、村民人心不齐的状况，油溪桥村以基层党建凝聚全村人、鼓舞全村人、带动全村人，形成了内生内发的自主力量。

一是"强"带头人。"群雁高飞首雁领，羊群走路靠头羊。"

2007 年，在外经商、身家千万的致富能人彭育晚被成功引回油溪桥村担任村支部书记。彭育晚充分发挥脱贫致富"领头雁"作用，凭借其坚定信仰、先进理念、奉献精神以及人格魅力，带领村"两委"一班人，推进村务治理改革、构筑产业发展四梁八柱，推动油溪桥村乡风文明、生态环境、产业项目等各项事业实现全面振兴，把一个穷山沟打造成了湖南乡村大地上的一颗璀璨明珠。彭育晚先后被授予"中国好人""共和国最美村官年度风云人物""全国新农村致富带头人""湖南省最美扶贫人物"等 40 余项荣誉称号。

二是"强"支部。推行村"两委"委员公开竞选制，确立比信念、比作风、比奉献和看谁服从意识强、看谁服务态度好、看谁业务素质高的"三比三看"竞选标准，参选者公开亮业绩、公开谈思路、公开作承诺，打造"主心骨"。大力吸收有学识、有能力、有担当的乡村精英和青年党员进入村组班子，村"两委"委员平均年龄不到 36 岁，其中大专以上学历 6 人。强化支部班子治理能力建设，村组干部撰写心得体会和工作笔记共计 500 余万字。油溪桥村先后被授予"全省基层党组织建设示范基地""全市先进基层党组织"的荣誉称号。

三是"强"党员队伍。制定推行拆除乱搭乱建先从党员开始、义务筹工先由党员带头、落实处罚先从党员实施的"三先规定"，倡导党员干部"戴袖上岗亮身份、发展致富当能手、学习生活贴群众"，实行党员服务联户制度，全村党员主动为村民群众"解心结""解忧愁""解难题"，真正做到"使每名党员都成为一面鲜红的旗帜"。创造性推行党员干部"定岗、定点、定责、定项"四定制度，对党员履职担当进行"月度、季度、年中、年终"考评，让全村党员干部干有激励、干有监督。建立党员廉政勤政档案，设置党员公益事业和捐款筹工公示栏，全体党员干部带头义务筹工 8200 多个。

（三）创新自治管理，变"不愿不为"为"共议共治共管"

注重发挥农民的自治主体作用，探索创新"参与式"治理模式，推动村民共议共治共管。

一是以"小协商"推动"大治理"，村务决策民主化。自觉秉承"村里的事情商量办、村里的事情一起干"议事协商理念，创新推动村民理事会、项目理事会、农民用水者协会等"微"自治组织建设，共商共议产业规划、项目建设、净化美化及用水管水等村级重大事项和公共事务，农民用水者协会获评"全国用水者模范协会"。建立动员会、交流会、交心会、表彰会等"四大会议"制度，推行通报会、听证会、评理会等新型议事模式，13 年来组织召开大小会议 1600 余次，推动民事民议、民事民办、民事民管。

二是以"小规矩"管出"大文明"，村民管理自觉化。为扭转过去红白喜事攀比成风、烟花爆竹浪费巨大的旧习气，油溪桥村自立规矩制定并 7 次修订村规民约，成功实行禁赌、禁炮、禁烟、禁渔、禁塑、禁伐、禁猎、禁铺张浪费等"十禁"，确保乡风治理有章可循。推行一户一文明档案袋制，实行村民包庭前卫生清扫、包绿化管护、包美化建设、包设施维护、包污水净化"五包"制，每年评选一批"最美党员""最美村官""最美家庭"等"十美"村民，全面推动乡风整治和移风易俗。

三是以"小积分"激发"大活力"，自治手段科学化。创造性推出"积分制"新型管理模式，推动村庄自治迈向精细化、科学化、现代化。实行"一事一记录、一月一公开、半年一评比、一年一考核"，坚持考核到岗、量分到户、打分到人，积分高低与产业收益、干部绩效、评优推选、物质奖励挂钩，汇聚起全村上下争相比筹劳、比产业、比贡献、比担当的蓬勃活力，真正实现村庄治理从"粗放"到"精细"、从"被动"到"自愿"的转变，积分制的推行实现了全村公益用地零征收、零矛盾，实现了建设项目劳动力自筹，全村累计义务筹工 76000 余个，2007—2017 年累计财政收入仅 403 万元就创造了全村近一个亿的资源资产，成功创建成了"全国文明村"。2018 年，"积分制管理"经验入选"全国首批乡村治理典型案例"并向全国推广。

案例评析

油溪桥村充分发挥基层党组织作用，从创新乡村治理入手、不断引导村民观念转变和素质提高，培养村民参与乡村治理的能力，因地制宜地发展产业，不断激发村民的自身发展内力。2017 年人均纯收入超过万元大关，25 户建档立卡贫困户全部脱贫。油溪桥村独特的发展经验和治理模式为全国脱贫攻坚提供了可推广的脱贫样本。

其一，抓基层党建，筑牢战斗堡垒。农村富不富，关键看干部。党员干部发挥着示范带头作用，引领着村庄的发展和走向，因而基层党组织必须紧跟新时代中国特色社会主义的发展潮流，以先进的思想理念推进村务治理改革。并且在支部和党员队伍建设中形成良好的竞争机制、监督机制和奖罚机制，从而更好地在村庄中起好"领头雁"的作用。

其二，抓村民自治，凝聚强大合力。村民是乡村治理的主体，是实施脱贫攻坚和乡村振兴的主要力量，而发挥村民的主体性和积极性是关键的一步。探索创新参与式治理模式，推动村民共议共治共管，发挥村民在村庄内部的主人公作用，实现"替民做主"到"由民做主"转变，最大限度赢得村民的认可与支持，形成村庄巨大的发展合力。

其三，发扬"艰苦奋斗"精神，激发内生动力。习近平总书记多次强调，幸福不会从天降。好日子是干出来的。脱贫致富终究要靠贫困群众用自己的辛勤劳动来实现。而其中最关键的是要实现村民思想观念从"要我脱贫"到"我要脱贫"的转变，农民自身思想的转变是脱贫攻坚的前提。勤劳是摆脱贫困的保障，用自力更生、艰苦奋斗的内生力来激发脱贫斗志，从而实现思想和行动的统一，寻找脱贫的突破口。

A N L I P I N G X I

贫困村党支部书记带领贫困户脱贫致富

案例 8 在村党支部书记带领下探索脱贫新模式

巍峨的群山，洁白的云朵，清新的空气，幽静的宜居环境，充满幸福与欢乐的笑脸，这是地处秦巴山深处的四川省苍溪县白驿镇岫云村的生动写照。但是谁又能想到十多年前，尤其是 2008 年"5·12"地震后，村里到处是一户户倒塌残破的农房，一条条石块挡道路面塌陷的乡村路，一双双充满无助到处游离的眼神，似乎看不到村庄未来的出路。

也就是在"5·12"地震后，一名刚从岫云村走出去的大学生——李君，毅然决然地为了家乡振兴，放弃舒适生活和高薪工作，回到自己生长的地方——岫云村，担任村党支部书记，开始了艰辛的乡村振兴工作。艰苦的生存和生活条件，村民们的不理解与不信任，纷繁复杂的工作局面……面对困难和考验，李君没有退缩，没有畏惧，而是怀揣着对家乡人民深厚情谊，用实际行动、担当精神和创造性思维在岫云村的土地上谱写了新时代乡村振兴的美丽篇章。

（一）东奔西走集资修路

俗话说"要致富，先修路"。担任村党支部书记后，李君干的第一件事就是立下"军令状"，定期完成通村主干道的硬化。村集体没有资金，群众又拿不出钱，李君决定"向上争取""向外化缘"，他多次"厚着脸皮"到江苏华西村、彭州宝山村寻求帮助，不厌其烦地到县红军渡房地产公司"化缘"……精诚所至，金石为开，靠着他的韧劲解决了村道建设的资金难题，顺利完成了村道硬化。通过这件事情，大家被他真心为民的情怀所感染，被他干事创业的韧劲所折服，在后期的各项建设中，村民们积极主动、自愿集资投劳，短短 4 年时间，全村村组道路硬化率达100％。

（二）"远山结亲"发展村庄产业

李君明白，要让大家的腰包"鼓起来"，发展产业才是关键。岫云村地处偏远，没有矿藏，没有旅游资源，靠什么带动群众致富？他又一次夙夜难眠……一天，成都一个朋友打电话给他："我儿子吃了你送的土鸡蛋就再也不想吃超市的蛋了！还有这样的鸡蛋不，多贵我都买！"朋友不经意的一句话，让李君眼前一亮：岫云人家家户户都用传统方法饲养土鸡，喝山泉、食青草，一只鸡活动林地足足一亩，发展土鸡产业不就是致富路吗？于是他组织298户农户成立了岫云村土鸡合作社，注册了"岫云"品牌，确立了"支部＋协会"的经营模式，与全村土鸡养殖户签订订单，给大家吃"定心丸"。同时，针对农村主要是留守人员的现状，又提出了"远山结亲"经营理念。

可是，这远山的亲戚又在哪里呢？为了找亲戚，他在成都成立了苍溪县岫云土鸡专业合作社营销中心，利用成都读书工作时积淀的人脉，把特色资源介绍给成都的超市、企业，并推动200多家城市家庭与农户结亲。2014年4月19日，来自成都的10余家爱心企业和40余名爱心人士为村里送上了价值55.6万余元的农副产品订单。同时，在成都招募1000个家庭，与岫云村农户结成对子，一对一地为城市家庭提供跑山鸡、凫水鸭、山坡羊、生态猪、纯香压榨菜籽油、应季成熟的果蔬等原生态农产品。村"两委"和合作社统筹协调供需关系，对产品质量进行全程监管，并负责营运和管理，使更多的岫云生态系列产品进入城市市场。

（三）互联网思维催生新的经济模式

在互联网经济方兴未艾的时代，毕业于计算机专业的李君深知互联网经济影响巨大。在他的带领下，岫云村主动适应互联网经济，建构起与外界互联互通的新通道。借助互联网技术，村里的干部建立了一套专业的监管和收购体系，利用村内的鸡圈、猪圈一角悬挂的摄像头，对村内家禽身上佩戴的数据监测"耳标"进行实时监控与分析。

在互联网时代，传统营销观念也发生了巨大转变。过去收购的衡量标准就是重量，生产者一味逐利，往往以次充好，喂养了大量的"饲料猪"。如今岫云村则提出了"去规模化、去重量化"的口号，不按重量计价，只看养殖时间，从而涌现出"时光鸡""岁月鸭""年华猪"等主打优质理念的精细农产品。养殖农户和家禽实现数据关联，消费者购买家禽时通过二维码就能看到家禽的喂养者和喂养时间，人和人之间的信任关系也得以连接。

由于精细化养殖，岫云村家禽产业还原了肉的最初味道，无论是"时光鸡""岁月鸭"还是"年华猪"都是一销而空，特别受消费者欢迎。从而这也开拓了创造性思维，开启了新时代乡村振兴过程中乡村产业发展的新模式。

（四）继续坚守家乡，情系乡亲父老

经过十余年的发展，岫云村发生了翻天覆地的历史性巨变，现在走进岫云村，一排排漂亮的新房拔地而起，一条条道路干净明亮，一张张笑脸迎接远道而来的客人，岫云村终于走在了新时代乡村振兴的康庄大道上。2014年6月，四川省曾出台了表彰全省优秀基层党组织书记的文件，组织上需要在基层做调研。村里人怕李君调走，就难过地对李君说，"李书记，我们不会说你好话呀，你要是调走了，我们可怎么办？"李君坚决而笃定地对乡亲们讲，"岫云村是我的家乡，家乡农村是生我养我的地方，家乡农村永远是我的舞台，这条路我会坚持走下去……"后来，苍溪县也出台文件，要从村、社区基层党组书记中间考虑领导干部的人选，对李君而言，这是一个上升机会，家里人都劝他离开村里，但他却最终选择了留守，并决定一辈子当好村书记。"或许是从那次抉择开始，我意识到，在我的心底早已经把做好岫云村党支部书记当成了一生的使命"，李君说道。

案例评析

作为一个地处秦巴山区深处，没有特色资源也没有优势产业，甚至连道路交通都十分闭塞的普通小山村，岫云村在很长一段时间里都面临着严峻的发展困境。从 2008 年起，李君带领岫云村的群众共同坚守，顺应时代潮流，在精准扶贫和乡村振兴的战略背景下抓住机遇走出了一条成效好、可复制的扶贫新模式，让这个昔日的"空心村"变成了"明星村"。2017 年，岫云村成功实现整村脱贫。李君成为四川省仅有的两名"2017 年全国脱贫攻坚奖"获奖者之一。

其一，充分发挥贫困村党支部书记的领头羊作用。"村庄富不富，全靠党支部；支部强不强，责任在头羊。"回顾岫云村精准脱贫历程，我们可以发现，一个村庄能不能脱贫，能不能振兴，很大程度上取决于村支部书记坚强而有力的带领。在过去的几十年，岫云村始终不能够脱贫，原因就在于村庄发展的"头羊"不行，自李君回乡担任村支部书记后，不仅如期脱贫，而且村庄也进入到了良性发展轨道上。李君是大学毕业生，有着丰富的知识、开阔的视野，以及全新的发展理念和思路，在村庄脱贫与振兴的未来道路有着清醒认识和合理规划。

其二，吸引能人回乡，引领乡村发展。"火车跑得快，全靠车头带"。回顾岫云村的发展历程可以发现，改革开放 30 年，岫云村穷了 30 年，直到李君回到岫云村担任村支部书记，带领岫云村民艰苦奋斗，岫云村才在十年内迅速脱贫，成为省级"四好村"。李君的返乡带来了全新的发展理念和思路，带来了一个个成效显著的脱贫致富好点子。岫云村的发展历程告诉我们，只有吸引能人回乡创业，吸引优秀的年轻人扎根农村、服务农村、建设农村，才能更快更好地脱贫致富奔小康，实现乡村振兴战略目标。

其三，激发群众内生动力，提升贫困村发展动力。岫云村村民勤劳朴实，但是在一次次"种桑树砍桑树"的失败经历，使村民们从内心深处产生了自卑和畏惧心理，从而形成自我否定的贫困文化。当李君带领大家把路修通，将他们生产的优质农产品高于市场价卖出去的时候，岫云村的百姓脱贫信心更足了，自主发展的愿望也更强劲了。岫云村只是精准扶贫过程中扶贫与扶智、扶志相结合，充分激发群众内生动力而主动脱贫的一个缩影。可见，只要激发了群众内生动力，就能让贫困群众对生活重燃希望、重拾信心，作为脱贫攻坚的主体参与到精准扶贫工作中，实现主动脱贫。

A N L I P I N G X I

案例 9 │ 村党支部第一书记创新驻村帮扶方式

吴树兰驻村时是河南省扶贫办公室副巡视员，她始终对农村和农民怀有种难以割舍的情怀。2010 年 7 月，她响应省委组织部的号召，主动向组织提出申请，毅然决然地回到生她养她的故乡——新蔡县孙台镇大吴庄村，担任村党支部第一书记。她团结村党支部一班人带领乡亲们艰苦创业，通过引进资金和技术，创办了奶牛场、养鸭场、服装厂、建筑公司，年产值 300 多万元，实现利润 600 多万元。经过 3 年努力，全村人均收入由 2010 年的 2686 元增加到 2013 年的 5600 元，得到实惠的村民，打心眼里感谢吴树兰。

后来，她再次向组织提出申请，要求第二次到农村担任党支部第一书记。2014 年 3 月，她如愿到确山县西王楼村任职第一书记。在村委会放下行李，和村部见面后，吴树兰第二天就开始了调查研究。从村委会所在地到深山里的张竹园、碾盘沟、老李沟、千年岭上的居民点和独居户，要走七八个小时的路程。山路陡峭，荆棘丛生。吴树兰和村干部一起，一大早背上方便面和装满凉开水的大茶杯向山里进发。从早晨走到太阳西斜，听到狗叫，住在山半腰的李相庭急忙迎了出来。这位73岁的老人激动得连话也说不好了："老天爷，你们是咋进来的？路太难走啦！不瞒您说，这些年，我在老李沟见过的最大的领导是村民小组长。"

吴树兰用一个多月的时间，走遍了全村每一个角落和每一户人家，看到了西王楼村发展的优势：西王楼村森林覆盖率70%以上，发展林木经济很有潜力；村东北部风景优美，碾盘沟、老银洞、千年岭，古老的地名、悠久的传说和红军游击队的战斗传奇，发展旅游业大有可为；山区环境质量好，适合畜禽养殖，这里出产的确山黑猪品种纯、肉质好，如果组织更多的村民发展山区饲养业，前景广阔。

经过广泛调查研究，吴树兰发现，在广大农村尤其是经济欠发达的乡村，贫困面貌难以改变，党支部作用没有发挥好是重要原因，相当多的村级党组织形同虚设，有的几乎处于瘫痪半瘫痪状态。建立健全农村党组织，事关基层政权的巩固，也事关贫困村的脱贫致富。于是她研究、谋划、部署村党支部民主生活会，提升党建宣传和党建氛围，群策群力，发挥党员先锋模范和带头人作用。同时，为打破村党组织建设的沉闷局面，吴树兰积极拓展农村入党积极分子来源，确定致富带头人王天友等5名积极分子入党，适宜培育从事农村村党组织工作的有机力量。

针对前西王楼村存在的行路难、就医难、上学难、发展难等问题，吴树兰带领村党支部其他成员逐一分析，把解决问题的规划交给群众，由大家出主意、想办法，众人拾柴火焰高，从而激发村民的发展动能与创新的积极性。在吴树兰的带领下村党支部确定了用3年时间修通村中28公里的环道和硬化村内道路的规划。经过讨论，决定先修一条从村委会所在地山口村开始，长度为1500米的道路，沿线**村民组群情振奋，村组党员干部带头劈山挖土夯实路基，户主不用动**

员就主动移走树木和建筑物。短短十几天，一条崭新的道路便修好了。

吴树兰刚到西王楼村的时候，村里连办公经费都难以维持，同时发展经济也需要资金，吴树兰千方百计去筹措，几乎动用了所有的人脉资源。为了村里的事业发展和帮扶贫困户，她坚信只要付出真情，为民排忧解难，就没有什么过不去的坎，为此她一次次放下面子去求人，碰了钉子也不怕。登门请自己所认识的企业家到西王楼考察、投资，出资扶助贫困户和贫困生，欠下了一大堆人情。

两年过去了，她为西王楼村办成了许多实事，解决了行路难、小孩上学难、贫困农民创收难、养老难等问题，西王楼村在脱贫攻坚的过程中，打了个翻身仗，农民人均纯收入由 2014 年的 5100 元增长到 2015 年的 6900 元。现在西王楼村的人们个个喜笑颜开，对未来充满美好希望。

案例评析

当前乡村处于脱贫攻坚和乡村振兴两大国家战略实施的历史交汇时期，吴树兰作为河南省确山县西王楼村驻村帮扶的第一书记，从抓好基层党建，激发村民发展的内生动力与创新的积极性和真情付出三方入手，实现了西王楼村精准脱贫，并朝着小康社会大步迈进。这一典型做法，对于其他地方的脱贫攻坚和乡村振兴具有启示意义和经验借鉴作用。

其一，建强党支部，扮好"领头雁"。习近平总书记指出："农村基层党组织是党在农村全部工作和战斗力的基础，是贯彻落实党的扶贫开发工作部署的战斗堡垒。抓好党建促扶贫，是贫困地区脱贫致富的重要经验。要把扶贫开发同基层组织建设有机结合起来，抓好以村党组织为核心的村级组织配套建设，把基层党建设成为带领乡亲们脱贫致富、维护农村稳定的坚强领导核心，发展经济、改善民生，建设服务型党支部，寓管理于服务之中，真正发挥战斗堡垒作用。"吴树兰从党支部建设抓起，研究、谋划、部署村党支部民主生活会，促进党建宣传和增强党建氛围，让党员干部不仅在思想上入党，更在行动上入党，发挥好党员干部先锋模范作用；同时积极在群众中发现和培养入党积极分子，把真正有理想、有事业、有干劲、思想好、作风正的新生力量有机地吸收到党组织中来，不断为党组织输入新鲜血液，焕发党组织活力，永葆党组织的先进性和战斗力，助推脱贫攻坚事业新的发展。

其二，激活内生动力，当好"主人翁"。习近平总书记说过："激发内生动力，调动贫困地区和贫困人口积极性。'只要有信心，黄土变成金。'贫穷不是不可改变的宿命。人穷志不能短，扶贫必先扶志。没有比人更高的山，没有比脚更长的路。要做好对贫困地区干部群众的宣传、教育、培训、组织工作，让他们的心热起来、行动起来，引导他们树立'宁愿苦干、不愿苦熬'的观念，自力更生、艰苦奋斗，靠辛勤劳动改变贫困落后面貌。"在西王楼村驻村帮扶期间，吴树兰带领党支部其他成员，积极谋划，并充分让群众参与进来，遇到问题大家想办法、出主意，群策群力，激发群众脱贫致富的内生动力和创新的积极性，修好了公路，办好了养殖场，完善了村公共服务设施，使得西王楼村与过去相比实现了大变样。

其三，真情肯付出，做好"带路人"。习近平总书记强调："脚下沾有多少泥土，心中就沉淀多少真情。工作队和驻村干部要一心扑在扶贫开发工作上，强化责任要求，有效发挥作用。"吴树兰作为党选派到基层担任第一书记的党员干部，这是党对她的信任，更是她自身的责任与使命。自打她进村开始，她就始终坚信从来就没有什么救世主，也不靠神仙皇帝，要创造幸福生活，全得靠我们党员干部当好向导，把好方向，沉下身子去，一心扑在工作上，将所有的心思都花在西王楼村的脱贫事业上。在她的带领下，西王楼村的村民们真正意义上实现了真脱贫，脱真贫，真真切切地感受到党的温暖和关爱。

创新基层党组织架构与党建扶贫模式

案例 10 “党委＋片区党总支＋行动党支部＋功能党小组”党建扶贫模式

2012 年，江苏省张家港市善港村由原来经济较落后的善港和其他 3 个经济薄弱村合并而成，村级财力一度相对落后，基层组织建设也比较薄弱。经过 6 年多的不懈奋斗，从落后村一举成为产业兴旺、生态优美、治理有效、村民幸福的先进村。6 年来，村可用财力实现 5 年翻两番，达到了 2500 万元。善港村共实施民生项目 59 个，整治农村河道 19.7 公里，新建农村道路 9 万平方米，并建设成为江苏省三星级康居乡村。

在善港村从落后迈向先进的进程中，善港村党委起到了重要的引领作用。该村充分发挥党组织政治引领功能，创新建立“党委＋片区党总支＋行动党支部＋功能党小组”的组织架构，优化党组织架构，规范村级事务，推动村民自治，营造法治氛围，切实解决了农村治理普遍存在的一系列现实问题，为推进农村有效治理、助推乡村振兴提供了借鉴。

（一）发挥党组织核心作用，强化治理法治化的政治引领

针对村庄合并前党组织架构不尽合理、引领带动作用弱化的问题，善港村通过优化党组织设置，厘清村级自治组织的职能定位，形成以党组织为领导核心，各类自治组织各司其职的多元共治体系。

科学设置党组织架构。四村合并后，为更好凝聚党员合力，村党委打破原有的党组织架构，根据新的经济和社会形态，重新进行整合划分。根据村域面积较大的情况，设置了东区、南区、西区、北区四

个总支，使每个总支党员规模合理，便于管理和活动开展；根据工作相关、区域相邻、兴趣相投的原则在各个总支下分别设立了行政支部、非公企业、老年支部等；按照党员流向和便于活动原则设立农业、扶贫等特色"行动支部"，如在蔬菜基地设立农场行动支部，在贵州沿河县对口帮扶的高峰村设立"攻坚扶贫手牵手"行动支部；按兴趣爱好和功能发挥，组建"群众文化""村庄治理""便民服务"等功能党小组，如依托一站式便民服务中心成立了便民服务功能党小组。形成了层次分明、特色彰显的"党委＋片区党总支＋行动党支部＋功能党小组"的组织架构。

理顺自治组织关系。村党委根据四村合并后村域规模扩大、村民人数激增，原有"熟人社会"被打破，民意过度分散的实际，在原有自治组织的基础上，创新设置了村民议事会这一民主协商平台。通过党员和村民代表推荐、村党委审核、村民代表大会选举的方式，推选产生了由 15 名代表组成的，党员比例超过 70% 的村民议事会，拓宽民主议事、协商、监督渠道，逐步形成了村党委领导下的"1＋4"农村治理架构，即：党组织作为农村治理的领导核心，全面领导农村依法治理，村民（代表）大会、村民委员会、村民议事会、村务监督委员会等 4 个自治组织在党组织领导下，依法依规行使职权，开展自治。

强化各类组织分工。针对各类组织在农村治理中的角色分工，制定五份"小微权力清单"，分别对应村党组织的领导职能、村民（代表）大会的民主决策职能、村民委员会的具体执行职能、村民议事会的民主协商职能、村务监督委员会的民主监督职能。在明确职责的基础上，善港村党委进一步规范了"阳光六步法"议事程序，一般事项通过建议、提议、决议、备案、公开、实施的六步法监督村委工作；而重大事项需通过建议、提议、审议、决议、决议公开、实施结果公开的六步法对事项全程监督，定期向村民报告。使各类组织在推进农村治理法治化进程中找准角色定位，真正做到制度引领，规矩办事，确保村级权力运行不任性。例如，为发展现代生态农业，村党委在农村土地流转过程中，充分发挥村民自治的作用，把土地流转实施方案印成"明白纸"，逐家逐户征求意见，针对村民提出的意见建议专题召开了村民议事会公开商议。仅土地流转一项，村民亩均增收近千元，另有200多名村民实现了家门口就业。

（二）发挥党员先锋模范作用，培育治理法治化的骨干力量

当前，农民群众的思想观念、能力素质等参差不齐，必须充分发挥党员发动群众、引领群众的先锋作用，才能实现真正的农村依法自治。

确保议事决策规范有序。依托党员中心户、村民小组长、楼道长，发动每个党员深入群众，挨家挨户宣传发动、征求意见，制定完善村民自治章程。对村里重大事项的提议环节，村民议事会党员代表通过举办"善园夜话"，引导村民表达意愿、凝聚共识，为村党委提议做决策参考；商议环节，采用"党员代表民情通报"制度，向"两委"全面阐述村民群众的意见建议；审议环节，党员要充分酝酿并进一步征求群众意见；决议环节，党员代表通过广泛发动，引导村民依法行使民主权力。事实证明，村民广泛有序的参与是农村有效治理的基础。善港村有条东区到西区的主干道，原先狭窄拥堵，村"两委"早就有了整治的想法，但工程投入大、工期长、群众出行影响大，修整难度较大。村党委将这个议题交给了议事会和党群代表，经过充分协商沟通和民主决议，顺利启动工程，并且为了减少工程投入，村民自家门前的树等都由自己移栽，没有一户因此向村委索要补偿。

确保村规民约执行有力。督促党员带头执行村规民约，将执行情况纳入党员积分化管理进行考核，把违反村规民约作为党员年度评先评优的"一票否决"项目。实施"党员志愿者"制度，引导党员在志愿帮扶、养老助残、文化体育、化解社会矛盾等方面提供服务，动员和吸引更多的基层自治力量。同时，每年开展"党员文明示范家庭"评选，把模范执行村规民约作为重要指标。通过党员的示范带动

作用，促使村规民约成为全体村民自觉遵守的行为准则。

确保村务监督扎实有效。在村务监督委员会的基础上，创新机制，建立了一支由村老书记、老党员等 20 人组成的"党员监督队"，采取对外保密、对内单线联系的方式进行监督。对于"党员监督队"反映的问题，统一由村务监督委员会调查处理，确保件件有回复，有效突破了因监督员身份透明、相互熟识、碍于情面或怕遭打击报复，监督作用受制约、难发挥的瓶颈。

（三）发挥党建工作基础功能，强化治理法治化的制度保障

充分运用联系服务群众、项目化推进、社会化考评等党建工作机制，运用科学有效的党建工作理念丰富村级制度，以群众导向的制度设计增强村民的获得感。

建立"常态化"接访制度。张家港市常态化实行"民生面对面""天天听民声""六个一"大走访等一系列卓有成效的直接联系服务群众制度。善港村立足村域大、村民多、产业多，村干部尤其是村党委书记、副书记忙于各类村级事务，直接接触村民群众不够的实际，建立了"书记接待日"工作制度，每天安排一名村党委正、副书记在村民较为集中的便民服务大厅值班，听取村民意见，处理矛盾纠纷，并引导村民依法依规办理公共事务。

建立"项目化"服务制度。针对村级服务碎片化、零散化现象，借鉴张家港市党建服务"项目化"推进机制，善港实行村级服务"项目化"制度。在项目生成上，建立村干部包组入户制度，每名村干部联系 50~80 户村民，收集党员群众的迫切需求和实际问题，按需设立村级服务项目。在项目推进上，综合运用组织推动、市场购买、社会众筹等方式分类实施。在项目评估运用上，由群众评定项目成效，并对群众评价高、服务实效好的项目以制度的形式固定下来，常态化开展。例如 2017 年 8 月在全市首先启动的"善福康"医疗互助会项目，就是善港村党委直击因病致贫返贫的痛点，通过依托社会力量，采用"村民交一点、村集体赞助一点、社会资助一点"的方式

募集资金，为全村近 8000 名村民实现共建共享、精准帮扶。

建立"社会化"考评制度。张家港市在基层服务型党组织建设中实行社会化考评制度，把党建服务成效的评判权交给群众。在此基础上，善港村把群众对村干部的评价从党建领域拓展到全面工作实绩中，每年年底依托村民议事会，召集党群代表对村干部的工作实绩进行满意度测评，结合条线工作考核、领导评价等方式综合评定村干部工作绩效，考核结果与岗位调整和收入待遇直接挂钩，形成了人员"能进能出"、岗位"能上能下"、待遇"能高能低"的村干部"一年一聘"合同管理制度。

案例评析

经过几年的实践，善港村探索实施的党建引领农村治理法治化模式取得显著成效，村民法治意识明显提升，党员干部依法办事能力明显增强，农村治理法治化水平明显提高，为新时代农村依法有效治理、探索"三治融合"新模式以及乡村振兴战略提供了有效的实现路径和推进基础。

其一，农村治理法治化必须突出党建先行，打造坚强有力的领导核心。基层党组织是基层治理的领导核心。既要始终坚持基层党组织的领导核心地位，发挥基层党组织的领导核心作用，也要理顺基层党组织与基层自治组织、社会组织的关系，不断完善基层治理体系。善港在农村治理法治化的实践中，始终坚持党建引领的工作理念，通过优化组织设置、理顺管理架构、厘清工作职能，构建了以党组织为核心，各类组织架构清晰、功能明确的农村治理新格局。实践证明，只有充分发挥基层党组织作为领导核心的政治功能，保证党组织的引领作用体现在依法治理的方方面面，才能确保农村治理法治化的正确方向。

其二，农村治理法治化必须突出服务为本，营造群众满意的法治环境。农村治理法治化，必须始终保持党和人民群众的血肉联系，将基层党组织的政治功能和服务功能有效结合，在服务中体现党的政治优势，增强党组织的凝聚力和战斗力。善港在农村治理法治化中，通过村级事务的规范化操作，推动干部群众依法办事，提高了服务群众的能力和水平。通过党建文化的熏陶，实现德治与法治的有机融合。通过"书记接待日"制度，畅通了群众诉求的反映渠道。通过"服务项目化"，促进了党组织的服务内容与群众需求的有效对接，从而为群众提供了更加适销对路的服务，极大地密切了党群、干群关系。实践证明，只有强化服务为本意识，在农村治理中真正做到公开、公平、公正，才能形成办事依法、遇事找法、解决问题用法、化解矛盾靠法的法治环境，在法治轨道上推动基层各项工作。

其三，农村治理法治化必须突出建章立制，形成科学有效的制度体系。怎样提高群众的规矩意识、法治意识、制度意识，是农村社会治理中的一个难点。善港在农村治理法治化过程中，把制度建设作为一项基础工程。一方面是建立完备的制度体系。全面梳理农村治理涉及的所有事项，并整合归类，完善或出台相应的制度进行规范，确保涵盖农村治理的全过程、各方面。另一方面是保证制度执行有力。充分发挥"党员监督队"、村民议事会和村务监督委员会等组织的民主监督职能，确保各项制度真正落实落地。实践证明，制度是农村治理法治化的基础，只有构建完善的制度硬约束并配套行之有效的监督机制，才能推动农村治理有法可依、有法必依，为打造乡风文明、向上向善、繁荣发展的"新"农村、助推乡村振兴提供有力的保障。

案例11 "连村联创·抱团攻坚" 党建扶贫模式

湖南省怀化市楠木桥村位于麻阳谭家寨乡西南部，距麻阳县城20多公里，辖4个村民小组，328户1456人，有党员54人。全村耕地面积3340亩，林地面积5120亩，以水稻、柑橘、瓜果、养殖等农业生产为主。附近的竹子坳、吴公桥、黄茶等8个村，与楠木桥村条件相当、村情相似、产业相同。2016年，楠木桥村打破地域界限，整合资源和资金，开展"连村联创·抱团攻坚"党建扶贫，9个村党支部、276名党员参与的联合党总支成立了。这也揭开楠木桥村党建联村抱团攻坚的序幕。

脱贫攻坚是头等大事和第一民生工程，楠木桥村把加强基层党建作为化解脱贫攻坚难题的"金钥匙"，发挥基层党组织的引领和纽带作用，发挥村干部产业"带头人"、致富"领头雁"作用，带领贫困群众跃步走上小康路、幸福路。在各级领导的指导下，楠木桥村党建联村发展助力脱贫攻坚在五溪大地生根发芽、开花结果。党建引领，抱团攻坚，其核心是发展产业。楠木桥村等9个村共同组建核心扶贫产业园，在宝库岭周边集约土地2000多亩，整合资金1850万元，9个村646户贫困户2383人全部以小额信贷或产业扶助资金入股产业园。在抱团开发已建成2000亩扶贫产业园的基础上，联合党总支决定按连点成线、连线成片的布局思路，在9个村先后建设各类产业基地，2016年，年产值超过1000万元。

千亩果园，9个行政村，1个联合党支部，1个作战"指挥团"。楠木桥等9个村通过抱团攻坚、连村联创、握指成拳，再次证明了"一把筷子折不断，合作共赢人胜天"的真理。"党建带产业，产业促党建。"联合党总支下设20个党小组，全部建在脱贫产业上。如今，楠木桥村建成了"怀化市小康示范村"，村党支部获评"全国创先争优先进基层党组织"。

（一）组织联建，打造脱贫攻坚"作战团"

连村建总支，提供强有力的组织保障。通过组织 9 个村支书赴广东佛山市罗南村等经济强村学习组织建设经验、座谈讨论、解疑释惑等方式，统一了思想，达成了共识。以楠木桥村党支部为基础组建联合党总支，由乡党委书记兼任党总支书记，楠木桥村支书任党总支副书记，其他 8 个村支书任党总支委员，下设 20 个抱团攻坚党小组，党小组建在扶贫产业上，覆盖 9 村 11 个产业，33 个产业基地都有党员致富能手，实现了一产业一小组、一基地一旗帜的组织建设与产业建设"无缝对接"。大联合、大合作推动了基层组织建设硬件升级、软件变硬、保障有力、群众满意。2016 年连建 9 个村全部建成年收入超 10 万元的集体经济支柱产业，楠木桥村集体经济年收入更是超过400 万元。

攻坚选"旗手"，竖起攻坚拔寨的铁肩担当。吴公桥村多年软弱涣散，选出的几届支部书记都干不满 3 年，是 9 村中的"短板"。县委、乡党委把在外创业的能人张湘海请回村担任党支部书记。上任后，他大刀阔斧使出"三大硬招"：

第一，以硬制度治懒散强班子。严格执行轮流值班制度，推行为民代办制度，做到事事有回应、件件有落实；实行量化绩效考核，将村组干部的工作表现与报酬待遇挂钩，有奖有罚，激发干劲；推行"阳光财务"，坚持按季公开，实行"零"招待。

第二，以硬技术治贫困强产业。组织村民"一人学一技"，发动致富能人、技术能手开展传帮带，每户至少掌握 1 项实用技术。

第三，以硬举措治贫血强保障。采取发展集体林场、产业合股、土地租赁等措施，壮大村级集体经济，增强村级组织自我"造血"功能，强化运转保障。短短 2 年，该村发生巨变，村级集体经济年收入达 20 多万元，过去的后进村变成了先进村。

压实先进责任，汇聚用之不竭的动力。联合党总支制定《先进带后进责任制度》，明确先进村和党员在党建、脱贫攻坚、产业发展等方面的带动责任，出台奖惩办法，引导先进把责任扛在肩上、落到实处。楠木桥村党支部与跃坪村党支部结对帮扶，解决了后者班子弱、观念旧、素质低、作风差、产业薄等突出问题，两年帮建，使其从后进村跃升为"全市先进基层党组织"。69 名致富办法多、帮扶能力强的党员致富能人，与 646 户贫困户"结穷亲"，实现帮扶全覆盖。"全国青年致富带头人"、市第五次党代会代表谭霞与 37 户贫困户结成对子，通过土地入股、技术帮扶、提供劳动岗位等帮贫助贫办法，户均增收 8160 元。

（二）产业联办，走出脱贫攻坚"致富路"

集中发力，打造核心基地。联合党总支依托"湖南省首个大学生村官创业园"——楠木桥大学生村官创业园，组织 9 个联创村的扶贫产业种植合作社，注册成立了麻阳宝库岭扶贫产业园开发有限公司，共同组建核心扶贫产业园。园区 4 个贫困村和 5 个非贫困村签约流转集约土地 2000 亩，投入资金 800 万元，覆盖 646 户贫困户 2383 人，占全乡贫困人口总数的 77%，贫困户通过土地租金、劳务薪金、分红股金，变身"三金"农民。于 2017 年完成基地开发，2018 年开始受益。

全面开花，织就产业大网。按照"连点成线、连片成群、全面开花"的思路，引导每个村确定 1 个支柱产业，先后建成了楠木桥村 100 亩中药材和 500 亩葡萄基地、竹子坳村 200 亩蓝莓基地、黄茶村 200 亩红心猕猴桃基地、吴公桥村 200 亩黄桃基地等年产值超 1000 万元的产业基地，覆盖贫困人口 2383 人，预计年人均增收 3000 元以上。同时，积极与中国人民大学、湖南农业大学、湖南省农业科学院的党员科技特派员对接，在楠木桥村建立"科技服务示范基地"，走现代农业"品种品质品牌"之路。

区域联动，探索旅游新路。抢抓"一极两带"战略机遇，积极投入"张（家界）吉（首）怀（化）精品生态文化旅游经济带"建设。联合党总支牵头组织举办"葡萄熟了·大湘西乡村旅游文化节"，邀请新疆吐鲁番市高昌区艾丁湖乡也木什村前来交流并缔结为"姐妹村",签订葡萄产业区域发展合作协议,建立了 100 亩"楠也联谊葡萄示范基地",探索民族联谊旅游新路子。如今,9 个村建成四星级休闲农庄 1 个、民俗文化表演大舞台 3 个,旅游接待超 10 万人次,旅游收入达 600 多万元。

(三)平台联创,拔掉脱贫攻坚"拦路虎"

搭建融资平台,探索扶贫小额信贷新机制。率先推出扶贫小额信贷模式,为建档立卡贫困农户评级授信,破解了资金瓶颈制约。按照"资金跟着贫困人口走、贫困人口跟着致富能人走、致富能人带着贫困人口跟着产业项目走、产业项目跟着市场走"的"四跟四走"原则,实现了扶贫"小资金"撬动金融"大资本"。至今,共为 646 户贫困户争取小额信贷资金 2163 万元,发展产业项目 105 个。

搭建监督平台,探索"互联网+扶贫监督"新模式。为保障群众的知情权、监督权,确保产业扶持、异地搬迁、社保兜底等相关扶贫资金与项目精准落实到贫困户,联合党总支在 9 个村村部开设扶贫工作查询终端,方便群众随时查询扶贫对象确定、扶贫资金分配使用等情况,将整个工作公开在群众面前,让"雁过拔毛式"腐败无处藏身。通过"互联网+扶贫监督"平台动态识别不符合扶贫政策的对象,并及时动态清理,确保了扶贫对象精准化。

搭建电商平台,探索"e+党建"新格局。搭上"电商快车",在 9 个村建立农村电商服务站,让优质农产品走出深山、走向市场,变成"真金白银"。2015 年麻阳柑橘严重滞销,联合党总支积极牵线怀化市知名农产品电商、谭家寨籍党员管长伟,与 32 户贫困户签订销售协议,订单销售柑橘 100 多吨,保证了贫困群众增产又增收,被群众亲切称为"发财管家"。2016 年 5 月,联合党总支组织举办"2016 怀化精准扶贫·媒体电商产业发展麻阳特色产品考察对接会",《人民日报》、淘宝、快乐购等 90 多家媒体电商云集连村联创核心扶贫产业园,网上签约订单 3000 多份,销售额达 200 多万元。

连村联创架起了党心民心的连心桥，为打好打赢怀化市的脱贫攻坚战奠定了坚实的基础。怀化市2014年以来减少贫困人口63.99万人，贫困发生率由2014年的20.80%下降到2017年的6.2%。2016年洪江区脱贫摘帽，2017年中方县、洪江市、鹤城区脱贫摘帽。怀化市委书记彭国甫说，怀化的乡村干部不等不靠、苦干实干，是五溪大地的英豪、新时代乡村一线最可爱的人，他们"聚拢来是一团火，散开来是满天星"。

三 案例评析

湖南省怀化市楠木桥村探索建立"连村联创·抱团攻坚"党建扶贫模式，大胆创新，脱贫成果显著。在取得良好成效的同时，得到了上级组织的高度关注和充分肯定，成为了可借鉴、可推广的脱贫模式。

其一，建强基层党组织是解决脱贫攻坚难题的"金钥匙"。给钱给物，不如给个好支部。打赢打好脱贫攻坚战，基层党组织是基础，着力打造一支政治品格好、群众威望高、带动能力强的农村党支部书记队伍，重点在"选、教、管"上下功夫。"选"要选好"领头羊"，把能否担当脱贫攻坚重任作为主要考量标准；"教"要教好"领头羊"，加强村党支部书记扶贫攻坚能力等专业知识培训，全面提高致富、带富能力；"管"要管好"领头羊"，利用互联网等手段，对村干部尤其是"一把手"权力进行监督。要建立基层党组织建设标准体系，最大限度夯实基层党组织，释放基层党组织活力，真正发挥好基层党组织在破解农村各项困局中的堡垒作用。

其二，激发贫困人口内生动力是打赢脱贫攻坚战的"核心点"。脱贫攻坚重在精准，难在可持续。如何激发贫困地区、贫困群众的内生发展动力，建立健全稳定脱贫长效机制，确保脱贫成果可持续，是打赢打好脱贫攻坚战的关键。必须引导贫困群众树立主体意识，把扶贫与扶志、扶智结合起来，聚焦贫困群众的能力养成和自我发展潜力培养，打出"转""扶""合"一套组合拳。"转"即促进发展观念转变，奠定激发内生动力的基础。外出学习长见识，送技下乡长本事，要着重帮助贫困地区培育现代发展理念，变"要我脱贫"为"我要脱贫。""扶"即着重智力扶持，找准内生动力的发展路径。脱贫致富不仅要注意"富口袋"，更要注意"富脑袋"。"合"即整合金融与社会资源，凝聚激发内生动力的力量。金融、技术、资源可以培育贫困人口的新时代发展意识，改善贫困地区的脱贫生态环境，为社会力量参与扶贫创造条件。楠木桥村支书谭泽勇利用全国人大代表身份整合社会资源，引进知名电商扶持，与新疆吐鲁番葡萄明星村缔结"姊妹村"是整合社会资源的成功范例。

其三，按农村规律办好农村事情是决胜脱贫攻坚的"对症药"。中国作为一个农业大国，农村思想政治工作具有十分重要的地位。在当前农村思想政治工作中，必须始终坚持以习近平新时代中国特色社会主义思想为指导。在具体实践中，一方面要探索灵活多变、行之有效的做法，另一方面也要始终坚持尊重实践、尊重群众。在农村办任何事情都要从当地实际情况出发，尊重农民意愿，尊重经济规律和自然规律。制定政策、开展工作，要充分保障农民的物质利益和民主权利，尊重农民的创造精神。在精准扶贫过程中，同一地域、村情相同、产业相似、资源同类的贫困村可能会出现恶性竞争的现象，必须科学研究、科学决策、规避风险，争取资源效益的最大化共享，要优势互补、错位发展、强强联合，成就脱贫攻坚的伟业。

实现贫困村党员干部与致富带头人互促互转

案例 12　党员干部与致富带头人互促互转的典型

河南省唐河县位于河南省西南部，豫鄂两省交界处，南阳盆地东部。作为豫南宛东的一颗明珠，唐河县是一个农业大县、人口大县和革命老区县，也是一个贫困人口较多、脱贫攻坚任务较重的地区。近年来，唐河县把"志智双扶"贯穿于脱贫攻坚全过程，统筹谋划，创新模式，多管齐下、多方联动，通过积分祛懒、文艺浸润、典型引领、教育感化、"三榜"激励等形式，扎实开展志智双扶，树正导向，激发潜能，推动贫困群众从"要我发展"向"我要发展"转变，实现了物质和精神"双脱贫"。

王万才是河南省唐河县城郊乡王庄村的一位农民，2015 年被识别为贫困户。在各级扶贫干部的帮扶下，王万才丢掉思想包袱、放下酒瓶、拿起锄头，顺利脱贫，积极向党组织靠拢并成为一名预备党员，还先后获得县首批脱贫示范户、首届县劳动模范、县人大代表、2018 年度南阳市十大新闻人物、2018 年度南阳市劳模助力脱贫攻坚"十大领军人物"、全省脱贫攻坚"奋进奖"等荣誉称号。从最初的甘穷安穷，到后来的勤思苦干，王万才的脱贫历程，生动地显示了脱贫攻坚的显著成效和伟大意义。

（一）从躺着不干到振奋精神，挺身站起来

王万才初中毕业后，因家境贫穷辍学务农。王万才好读书，有一笔好字，酷爱对联、诗词、文章创作，时常在微博、微信中和网友交流创作，村民戏称其"王秀才"。然而，女儿出嫁后，家里剩下三口人，妻子体弱多病，脑瘫智障的儿子久治不愈，每天需要有人看护照料。全家靠 6 亩地为生，一年收入仅 2000 多元。他终日借酒消愁，

是全村空酒瓶扔得最多的"空瓶户"。当时，他的网名就叫"老树西风"，微信签名是"老牛拉破车，一路向天涯"，真实地反映了他绝望无助的心态。

脱贫攻坚战伊始，经过民主评议等程序，王万才于2015年年底成了建档立卡贫困户。2016年2月，县派驻村工作队进驻王庄村。作为帮扶责任人，县直工委副书记郭有霞来到王万才家。面对遍地空酒瓶的小院、凌乱的房间，郭有霞直言不讳："老王啊，人很多时候就是活个精气神，只要你打起精神，再大的难事儿那都不是事儿。今天，咱就先从收拾你的小家开始！"郭有霞说着拿起扫帚开始打扫起来。王万才满脸窘态，对让县城里来的一个女干部给自己打扫卫生，感到羞愧不已。

（二）从感动感念到撸起袖子，加油干起来

王万才目睹了扶贫干部日夜忙碌、挑灯夜战：年逾古稀的原村支书李喜才为"整村推进"逐户家访；驻村第一书记徐向涛连续4个多月没回洛阳老家看望父母，发出"王庄村不脱贫，我不结婚"的誓言；村民潘国营、李书强等年轻人开起淘宝店，把贫困户的红薯加价回收，网上销售，一年下来赚回了一辆宝马车，"红薯哥"转为"宝马哥"……王万才认为："你不想动，政府推着你也得往脱贫路上走。"在驻村工作队和帮扶责任人的谋划帮助下，2016年王万才租了6亩地种植地膜西瓜，在瓜地里套种了脱毒红薯，还有6亩地膜春花生。经过精心管理，加上当年西瓜价格高，仅西瓜就卖了18000元，王万才尝到了甜头。他又申请了到户增收项目，5000元补助款领到了手。从此，王万才对种地的热情愈发高涨，他的酒瘾也没了，满脑子是如何更好经营致富。随着健康扶贫、粮仓扶贫等惠民政策的出台，王万才觉得日子越来越有奔头了。2016年，王万才全家纯收入达到11800元，人均3900多元。

2017年春节，王万才写了两副春联贴在自家门口，一副是"秋水半瓢邀月饮，春风十里荷锄归"；另一副是"和谐普世东风化雨，

精准扶贫老树逢春"，借此表达自己喜悦、感恩的心情。"老树"指王万才自己，他的网名已从"老树西风"悄悄地改成了"老树逢春"。王万才十分留意扶贫工作中的点滴，遇到有意义有感悟的人和事赶紧记下来、写下来。

2017年，王万才种了10亩地膜春花生，土地收入加上各种补贴，再加上闲时务工收入，年人均纯收入达到5800元以上，远超出了当年脱贫标准，为此王万才第一个主动要求脱贫。在他的带动下，王庄村又有十几户收入比较好、稳定达到脱贫条件的贫困户提出了脱贫申请。2017年12月，王万才领到了脱贫光荣证书。2018年春节，王万才又撰写两副春联贴在自家门口：一副是"疏竹几枝留月影，繁花满树报春晖"，横批是"东风浩荡"；一副是"浓墨芳菲扶贫大业千秋画，春潮澎湃追梦征程一路歌"，横批是"小康在望"。对联中的"繁花满树"，指的还是王万才自己。只是，他的网名已经从曾经的"老树逢春"，又悄悄地改成了"老树繁花"。

怀着对精准扶贫的感恩之情，王万才陆续写下了几十篇脱贫日记，在《南阳日报》刊发后，引起强烈的社会反响。2018年3月，王万才被县委、县政府评为全县脱贫示范户。同年4月28日，在唐河县首届劳动模范和先进工作者表彰大会上，王万才平生第一次披红戴花走上主席台，从县领导手中接过唐河县首届劳动模范证书。2018年10月，河南省召开全省2018年度脱贫攻坚奖表彰大会暨先进事迹报告会，王万才荣获"河南省脱贫攻坚奋进奖"，他在会上作了《感党恩，提信心，小康路上大步奔》的典型发言，引起与会人员热烈反响。

（三）从受益者到奉献者，境界高起来

截至2018年6月，王万才陆续写下了35篇有价值的日记，唐河县将其交由中州古籍出版社编辑出版。编委会在序中写道："《唐河千帆过——王万才脱贫日记选》虽文字粗浅，但质朴、情切，有典型性和代表性，是记载脱贫攻坚伟大成果的鲜活标本。我们将其脱贫日记

进行汇编刊发，就是想以王万才的事迹为榜样，引导教育更多的贫困群众牢树乐观向上的积极心态，增强自主脱贫的坚定信心，通过辛勤的劳动实现致富梦想、创造美好生活。这也正是这本书的现实意义所在"。2018 年 8 月，《唐河千帆过——王万才脱贫日记选》正式出版发行。

社会各界对王万才的关注越来越多，各媒体采访报道接踵而至。荣誉面前，王万才非常清醒，认为这一切是党的精准扶贫政策结出的果实；没有这场伟大的脱贫攻坚战，就没有他的今天。党的十九大闭幕后，王万才经过反复思考，向党组织递交了入党申请书。其间，唐河县举办了多场"志智双扶"典型事迹报告会。作为脱贫代表，王万才每次都积极现身说法，让大家明白扶贫不是养懒汉，必须撸起袖子加油干，一为自己争气，二为政府争光。

2018 年，王万才又流转了 3 亩土地，一共种了 15 亩花生、西瓜、红薯。2018 年 11 月，王万才又盘起了豆腐锅，制售传统豆腐。虽然辛苦，但每天都有收入。于是就有人说："看看老王，人家可是去过省城，见过大领导的人，还能做这吃苦受累的小生意，咱有啥理由东游西逛，坐等救济？干吧！不怕慢，就怕站，幸福都是奋斗出来的!"又经过一年的打拼，年底一盘点，王万才全家纯收入达到 3 万多元，人均超过 1 万元。

2019 年 5 月，王万才正式成为一名预备党员。为此，他在刊发的《我的入党"初心"之初见》一文中写道："入党了，身份变了，肩上的责任重了。过去，我因为脱贫与党结缘。今后，我还要在党的领导下，在脱贫攻坚主战场、在乡村振兴的大舞台上继续绽放人生光彩，用切实的行动为党争光，为实现伟大的中国梦而继续努力奋斗。"2019 年 7 月 5 日，王万才新当选唐河县第十五届人民代表大会常务委员会委员，并进行了宪法宣誓。王万才告诉大家说，"我虽然平凡，但我一样可以追求卓越！在脱贫致富的道路上，在带动示范的实践中，我将继续探索、继续前行。'一朝脱贫为劳模，终生奋斗不停步'，这就是我的承诺!"

案例评析

精准扶贫，关键在人。以"志智双扶"提升贫困群众脱贫内生动力，是打赢脱贫攻坚战的薄弱环节和最大难点，不可能一蹴而就、一劳永逸，需要绵绵用力、久久为功。

其一，"榜样力量"聚民力。唐河县广大党员干部动起来、沉下去，与贫困户想在一起、干在一起，脱贫攻坚与干部历练共进退，后涌现出了因公殉职的县委原常委、纪委书记、监察委主任李勇，患食道癌仍坚守岗位的扶贫办原主任孙天领、为贫困群众谋幸福的黑龙镇党委书记朱星兵等一批优秀扶贫干部。干部有形象，群众有榜样，脱贫有力量，一大批脱贫典型也应运而生，构成"王万才"现象的时代亮色。

其二，"脱贫基地"富民财。通过实施以奖代补、项目倾斜、贷款扶持等政策，采取流转土地、吸纳务工、资金入股、技术培训、扶持创业等模式，唐河县先后建成148个农业特色产业扶贫基地，实现了村有产业、户有项目、人有技能的初始目标。在全省首创粮仓扶贫新模式。利用贫困户小额贴息贷款，建成56座总库容50万吨的扶贫粮仓。成立众享农机合作社，贫困户以小额扶贫贷款入股，在县农机产业园建设标准化厂房，租赁收益对贫困户分红。全县新打造4个县级扶贫产业示范园，19个乡级扶贫产业示范基地，带动1万多户贫困户稳定增收。

其三，"正负激励"正民风。公开设置"学树行做"光荣榜、善行义举榜、"志智双扶"红黑榜，以发挥正负激励作用。"三榜"就像一面面"会说话的墙"，提倡什么、反对什么一目了然，激励效果明显。制定《唐河县文明行为十规范》，印制10万份发放到群众手中，张贴到人流集中地和公共场所，倡导文明上网不造谣不信谣不传谣、婚丧嫁娶不大操大办、不参与非法宗教活动等，将培育践行社会主义核心价值观具体化、实际化。

A N L I P I N G X I

| **案例 13** | **粤桂两省（区）贫困村** **创业致富带头人培训模式** |

2015 年 9 月，国务院扶贫办批复广东、广西两省（区）扶贫办，正式启动实施粤桂两省（区）贫困村创业致富带头人培育试点工作，批准在广东省佛山市南海区九江镇河清社区设立"粤桂两省（区）贫困村创业致富带头人培训基地"（以下简称粤桂基地）。通过试点，旨在为推进东西协作对口帮扶培训培育贫困村创业致富带头人，探索新路子。

粤桂基地本着"东部帮西部，先富帮后富"的扶贫理念，紧扣精准选人、素质培训、创业培育、带贫减贫四大环节，探索"致富带头人培育跟着产业培育走"的"双培育"模式，与广东省高州市和上林县一道，共同推进实施"两广"协作"双培双带双促"培育工程试点提升行动。其中，"双培"，即培育创业致富带头人，培育扶贫特色产业；"双带"，即带动贫困户增收脱贫，带动贫困村提升发展；"双促"，即促进本土人才回归创业，促进贫困村基层党建。2016—2017 年，粤桂基地试点工作已经取得阶段性成果，共为上林县培育贫困村致富带头人学员 303 名，其中创业成功或正在创业 216 人，成立或组建公司、专业合作社、家庭农场等新型农业经营主体 173 个，带动全县 6000 多户贫困户参与特色产业项目，占全县贫困户总数的 30%，其中有 5000 多户通过发展特色产业实现增收脱贫，占全县脱贫总户数的58%。

（一）粤桂基地协作，培育创业致富带头人

以粤桂基地为依托，配套建设本县实训基地，加强致富带头人的培训、管理、创业孵化服务工作。

一是严格标准精准选人。出台贫困村创业致富带头人培育与管理办法，明确了"爱党爱国、遵纪守法、品德端正、个人信用记录良好、具有领办村级产业项目实力和能力、有意愿履行带动贫困人口脱贫致富社会责任"的选人标准，重点在已创业人员中进行遴选，包括村"两委"成员、村级后备干部、农民专业合作社负责人、家庭农场主、种养业大户、产业化龙头企业负责人和回引创业本土人才等。坚持"本人申请、村"两委"推荐、贫困村第一书记和驻村工作队长考察、乡镇审核公示、县级审定"程序，严把遴选认定关，全县已认定创业致富带头人216名。

二是建立粤桂协作培训教学体系。整合广东、广西两地师资力量，形成粤桂协作培训的格局。2015年以来，九江河清培训基地为上林县举办致富带头人培训班3期，培训学员303名。学员结束在广东的培训回到上林后，继续在县里建立的"1＋N"创业孵化实训基地接受实训和创业服务。"1"是在县里成立贫困村创业致富带头人服务中心暨粤桂两省（区）上林县扶贫创业培训孵化基地；"N"是建立N个专业化的致富带头人创业孵化实训基地，已建成高值渔、山水牛、生态循环农业、林果业、特色养殖等5个实训基地。通过粤桂协作教学培训，参训学员思想观念、创业能力和创业成功率得到明显提升。全县已有180名学员成立或组建公司、专业合作社、家庭农场等新型农业经营主体173个，涌现出一批创业成功、带贫益贫效果好的优秀学员。

三是加强专业指导和孵化服务。聘请华中科技大学扶贫专家作为咨询顾问，指导实施致富带头人培育工程。县贫困村创业致富带头人服务中心在县培育工程领导小组办公室领导下，为致富带头人提供政

策咨询、创业指导、典型推广等全方位服务。制定致富带头人创业导师管理办法，创业导师采取"一对一""一对多"结对帮扶方式，在致富带头人创办特色经济、实用技术、融资贷款等方面提供专业咨询和指导。全县已选聘扶贫创业导师50人，其中广东导师19人，广西及上林本地导师31人。

四是加大对致富带头人创业扶持。创业有基金。南宁市政府扶持2000万元，县本级整合财政资金2000万元，建立上林县创业致富带头人产业培育发展基金，解决致富带头人创业发展的资金瓶颈问题。融资无抵押。建立"政融保"贷款风险分担机制，安排资金1000万元，注入扶贫专业担保公司，建立扶贫贷款担保资金池，以1：10比例撬动银行贷款，致富带头人无需抵押担保，可获得人财保险融资贷款。县财政安排专项资金贴息，使实际融资利率最低可到4%。目前，广西山水牛畜牧业有限公司等8家致富带头人创办的企业、合作社获得融资贷款3450万元。信贷有贴息。落实扶贫小额信贷贴息贷款政策，累计给致富带头人发放贷款10009.3万元（含贫困户贷款入股）。以带动5户以上贫困户稳定增收为致富带头人评级的前提条件，对评上星级的致富带头人，每带动一户贫困户，可享受为期三年的6万元贴息贷款扶持。产业有奖补。出台了与带贫规模、带贫效果直接挂钩的一系列扶贫产业规模化奖补政策，全县累计发放产业奖补资金5829.5万元，支持合作社、能人大户流转土地12.3万亩。其中对104名创业致富带头人给予项目、资金等方面扶持1819.9万元。保险有分担。出台《政策性农业保险工作实施方案》等文件，扩大产业险种范围，加大对肉牛、龙虾等特色农产品的保险支持力度，保费按8：2比例由县财政与贫困户分担。

五是实行评级动态管理机制。建立联通共享的县、乡两级创业致富带头人信息库，把致富带头人发展产业、享受政策、带贫人数等情况纳入"一人一档"管理。按带动规模、带贫效果对致富带头人进行星级评定，已认定一星级95人、二星级61人、三星级40人、四星级16人、五星级4人。建立淘汰退出机制，对年度考评不合格的取消致富带头人资格，停止相关政策扶持。

（二）坚持党建引领，在实施培育工程中强化基层党组织建设

粤桂基地举办培训班，每期都成立临时党支部，开展组织活动，发挥党员模范带头作用。基地积极配合上林县委组织部门开展"双培互转"活动，将优秀创业致富带头人培养成党员、培养成村"两委"干部，将农村党员、村"两委"干部培养成创业致富带头人，提升贫困村党支部战斗力、凝聚力、号召力。2016 年上林基层组织换届，致富带头人培训学员中有 32 名被选拔为村"两委"干部，其中有 6 名担任贫困村党支部书记。

2016 年 10 月，在粤桂基地推动下，广东南海区河清四村党支部与广西上林县赵坐村党支部牵手成功，签订了"村对村东西对口帮扶支部联建"协议。一年多来，在粤桂基地和河清四村支部支持下，在赵坐村建成高值渔养殖示范孵化基地，带动该村贫困户 105 户、378 人，以及其他农户 55 户、237 人参与产业发展、脱贫增收。两个村的党支部多次进行深入交流，联合开展党日活动和形式多样的党组织活动，落实村党组织班子联席会议、党群联席会议、党建暨驻点联席会议等制度，交流和分享基层党建经验，使两个村党支部的党建工作进一步加强，丰富了东西扶贫协作的内涵。

（三）粤桂机制衔接，带动贫困户增收脱贫、贫困村提升发展

借鉴广东佛山市、高州市产业带贫机制，依托龙头企业、专业合作社、致富带头人，建立科学合理的带贫机制和利益联结机制，将贫困村、贫困户融入特色产业发展链条，促进贫困村集体经济发展壮大，实现稳定脱贫、持续增收、长期受益。

一是建立完善带动贫困户增收脱贫机制。"四统一带"产业扶贫机制，"四统"即由致富带头人（龙头企业、合作社等）统一提供种苗、统一免费培训和技术服务、统一标准化生产管理、统一保护价机制收购农产品；"一带"即带动贫困户融入特色产业链条，促进长期

稳定增收。

二是创新探索"两自"扶贫机制。在岜独、云姚、云里 3 个贫困村试点组建贫困村"自立发展扶贫协会",在村党支部的领导下,本着自愿原则将全村有劳动能力的贫困户组织起来,并吸纳龙头企业、专业合作社、种养大户等市场主体参与,搭建起贫困户与致富带头人对接的桥梁,提高贫困户组织化程度。同时,试点建立贫困户"自立发展账户"资产积累扶贫机制,激励贫困户参与产业项目和生产劳动,进行收益储蓄和资产建设。

三是带动贫困村提升发展。按照资源变资产、资产变股金、集体变股东的改革思路,将政府扶持的村集体经济发展资金采取股权投资等形式,与致富带头人开展投融资合作。

三 案例评析

其一,致富带头人培育和扶贫产业培育协同推进是关键。东西扶贫协作"双培育"模式是在借鉴福建蓉中村"1+11"模式基础上,根据"两广"产业优势互补,成立上林县农业产业商会,搭建"两广"产业合作培育对接平台,将贫困村创业致富带头人培育与产业扩散对接培育有机结合起来,避免了能人培训与产业开发"两张皮"现象,使创业致富带头人培育更具有针对性、实效性,扶贫产业发展壮大更有保障。

其二,培育贫困村创业致富带头人是脱贫攻坚的有效途径。上林县通过实施粤桂两省(区)创业致富带头人培育工程,培育并认定 216 名致富带头人,带动 232 家规模经营主体发展特色产业项目,通过基地用工、技术指导、提供种苗、农产品回购、资产收益等形式带动 6100 户贫困户参与产业项目、增加收入,壮大贫困村集体经济,促进了农村基层党建，培养了一批党员干部队伍和农村人才队伍，为贫困村打造一支"不走的扶贫工作队"。实践证明，全面推进贫困村创业致富带头人培育工程，发挥致富带头人带贫作用，是助推脱贫攻坚和实现乡村振兴的有效途径。

其三，建立健全工作支撑体系是脱贫攻坚取得实效的重要保证。上林县在实施试点工作中，始终把建立健全工作体系摆在突出位置，形成了四大工作支撑体系：创业培训孵化基地网络体系，即一个县级培育培训孵化服务中心、五大特色支柱产业创业孵化实训基地；管理办法体系，如致富带头人认定与管理办法、创业导师管理办法、创业孵化实训基地管理办法等；政策支持体系，如创业贷款政策、产业奖补政策、产业培育基金政策、扶贫小额信贷政策、资产收益扶贫政策、贫困村集体经济发展资金扶持政策、扶贫产业保险支持政策等；考核评估体系，如对致富带头人扶贫效果评估、对扶贫创业导师作用发挥评估、对创业孵化实训基地的考核评估等。这四大工作支撑体系，形成了致富带头人培育的落实机制和落地"管道"，确保了能人带动取得实效。

基层党建引领贫困村产业发展

案例 14 连樟村"党建＋产业"实现村企共建

连樟村位于广东省英德市连江口镇东南面，是广东省定相对贫困村。连樟村共有 17 个村民小组，共 482 户 2225 人，其中建档立卡贫困户 55 户 135 人。在这些建档立卡贫困户中，一般贫困户有 19 户 49 人、低保贫困户有 22 户 71 人、五保贫困户有 14 户 15 人；有劳动能力的有 35 户 111 人、无劳动能力的有 20 户 24 人。

连樟村贫困户致贫原因多样：一是因残致贫、因病致贫和因缺乏劳动力致贫的比例较高，帮扶难度大。二是农业基础设施落后，村容村貌较差。全村以梯田为主，平地面积不多，没有"三面光"水渠，除属于整村搬迁重建的根竹坪和丘冲村等自然村外，其余自然村基本缺少建设规划，巷道没有硬底化，群众出行不便，脏乱差现象突出。三是村民小农经济意识严重。当地以农业生产为主，主要种植水稻、花生，经济作物以砂糖橘以及柴木等为主，少量种植冬瓜、蔬菜，但规模较小，尚未形成覆盖农民稳定收入的主导产业，农民经济收入主要靠零星种养和外出务工。四是资源开发利用率低。当地有较为丰富的林地资源，但由于分散各家各户自主经营，没有连片开发种植价值较高的经济林木，没有形成林业产业规模，效益偏低。五是集体经济薄弱。村委会没有经济实体，集体年收入仅有 1900 元。集体经济收入低下，直接影响到村党总支部和村委会作用的发挥，以及扶贫开发等工作的正常开展，该村党总支部已被列入英德市软弱涣散的后进党组织进行重点整改，该村也成为全省的相对贫困村。

2017 年 10 月，碧桂园集团积极响应广东省委、省政府关于 2277 个省定贫困村创建社会主义新农村示范村的号召，成立专职帮扶小组，派驻团队进驻连樟中心村。在有关部门和市德晟集团公司等挂钩联系帮扶单位的大力支持配合下，碧桂园团队与连江口镇委镇政府、清远市驻连樟村精准扶贫工作队以及连樟村委会、5个村民小组村民理事会等，协同开展连樟中心村新农村示范村建设工作，共同推进脱贫攻坚大行动。

（一）党建扶贫扶志

一是与连樟村贫困村党组织结对共建。成立碧桂园帮扶英德市新农村建设指挥部办公室党支部，作为一线扶贫项目党支部，发挥党员在脱贫攻坚中的模范带头作用，签署脱贫"军令状"，组织形式多样的党群关爱活动。2019年1月17日，碧桂园帮扶英德市新农村建设指挥部办公室举办新春进贫户送祝福活动，为邓益本家拍摄春节全家福，提升村民家庭凝聚力和幸福感。

二是挖掘红色资源。推进"思源计划"旅游路线设计，国强公益基金会下设的社会企业——凤怡假期，为连樟村设计"重走习近平总书记访贫问苦路"，多次动员碧桂园集团各党支部带领员工到连樟村学习、调研、观摩，带动了连樟村农家乐、土特产、红色旅游纪念品等相关产业发展。

三是开展党建共建暨短期体验式调研学习活动。一方面，组织连樟村党支书到碧桂园集团参观考察，提高党建工作水平，拓展扶贫思路。另一方面，碧桂园集团在广东省内各区域、城市公司和项目党组织也深入到连樟村调研走访，寻找致贫原因、研究脱贫方法。

四是开展"寻找老村长"活动。在连樟村寻找德高望重的"老村长"，统一招录为碧桂园精准扶贫乡村振兴工作队"公益岗位人员"，党员老村长兼任碧桂园一线扶贫项目部党支部副书记。碧桂园精准扶贫乡村振兴工作队在连樟村聘请了2位老村长，协助开展宣讲活动5次、入户调研8次，助力破解部分贫困群众目标不清、志气不足问题，激发贫困户脱贫斗志。

五是开展寻找深度贫困户活动。在英德市建档立卡贫困户中寻找除政府兜底外的最贫困的100户深度贫困户。连樟村有深度贫困户9

户，通过精准施策，给每户有针对性地制定帮扶方案，提供可落地、可造血、可持续的帮扶策略。比如对于深度贫困户陆奕和，在政府帮其进行危房改造后，房屋仍不足以满足家庭成员住房，在此情况下，碧桂园扶贫工作队帮其加建了一层并进行了外立面改造，并加装楼梯、不锈钢楼梯扶手等，切实解决了深度贫困户的实际问题。

六是开办"碧乡·乡村振兴学习实践中心"。碧桂园在连樟村开办了首个新时代乡村振兴学习中心——"碧乡·乡村振兴学习实践中心"，聘请华南农业大学文晓巍教授担任学习中心首位讲师，并导入贫困村研学旅游产业。聘请政府领导、高校教授、碧桂园集团相关领域专家作为名誉讲师，陆续到学习实践中心为村委干部、驻村第一书记以及"老村长"、返乡扎根创业青年等授课，传授理论知识和扶贫工作经验，推动习近平新时代中国特色社会主义思想深入人心、落地生根。

（二）产业扶贫扶能

一是筑牢特色产业根基。通过深入调研挖掘当地农特产品，充分发挥帮扶县资源禀赋，推动"一村一品""一镇一业"。首先，在扶项目方面，2017 年 10 月，碧桂园扶贫队伍入驻连樟村开展扶贫工作，在连樟村设立了 50 万元产业发展基金。同时，采用因地制宜、规划引领、整合资源的方法，完成连樟村马下组和甜塘组的 70 亩高标准农田建设。为帮扶建档立卡户脱贫增收，碧桂园出资支持连樟村玉米种植，采取"公司 + 合作社 + 基地 + 贫困户"的模式，通过土地租金、务工收入以及玉米销售利润等方式，惠及 9 户贫困户。其次，在采订购方面，通过碧桂园集团下属酒店公司采购麻竹笋、玉米、连樟红薯等当地特色食品。2018 年连樟村玉米收成后，碧桂园开展了玉米认购活动，帮助连樟村销售玉米超 4000 斤。

二是落地集团自身产业项目。发挥碧桂园集团自身产业优势、结合集团发展战略，联动集团下属现代农业公司，在连樟村落地现代农业科技示范园项目。项目位于连樟村禾坪坳，占地 74 亩，规划建设温室及农业配套设施总面积 27377 平方米，形成"一带、二心、三区域"的格局，以连樟村为中心辐射整个英德市及周边地区，逐步调整当地农业产业结构，加速当地农业产业升级。在运营过程中，优先聘用有劳动能力的建档立卡贫困户参与到项目运营的各个环节。村民因土地流转可获取一部分收益，并通过进入项目务工获取务工收益，完成了从普通农民向产业工人的转变；再从务工人员当中选择有能力的个体，通过扶持，促使其由产业工人向小业主转变。同时，在连樟村开设了凤凰优选门店，选聘建档立卡户培训上岗，销售碧乡转化的贫困县农特产品，在解决村民在家门口就业的同时，增加村民收入。

三是培养一批返乡扎根创业带头人和新型农民。碧桂园集团开展返乡扎根创业青年培训班，培养一批"懂农业、爱农村、爱农民"的返乡扎根创业带头人和一支有文化、懂技术、会经营、具有较强市场意识的新型职业农民队伍。2019 年，有 20 名连樟村村民前往碧桂园旗下子公司海南陵水润达现代农业科技发展有限责任公司接受专业化培训，在种植栽培技术、生产承包管理、设施使用维护、仓库管理、品牌建立、市场营销等方面进行系统学习，培训后将在现代农业产业示范园上岗就业，实现增收。

三 案例评析

其一，坚持从党建扶贫为引领。"抓好党建促扶贫"是习近平总书记提出的重要扶贫举措。碧桂园集团发挥党建在扶贫工作中的引领作用，坚持将支部建在扶贫项目上，创新企业与贫困村党组织结对共建的党建扶贫模式，扶贫推进到哪里，支部就建到哪里，以党建助力贫困人口脱真贫、真脱贫。党建扶贫模式要求企业与贫困村结对共建，通过共同挖掘本土红色资源、开展党建共建暨短期体验式调研学习活动、发动退休党员干部、合办企业与贫困村"乡村振兴学习实践中心"等措施，激活贫困村支部活力，助力贫困村支部在脱贫攻坚工作中更好地发挥领头羊的作用。

其二，坚持以产业扶贫为抓手。习近平总书记在广东连樟村考察时指出，产业扶贫是最直接、最有效的办法，要加强产业扶贫项目规划，引导和推动更多产业项目落户贫困地区。碧桂园帮扶英德市新农村建设指挥部立足英德市资源禀赋，依托集团优势产业力量，为英德市发展特色产业提供资金、技术、市场、渠道等资源，把英德市特有的生态资源、文化资源、农产品资源等稀缺宝贵资源转化为商品、推向市场，从而把资源优势有效转化为发展优势，带动贫困户脱贫致富。

A N L I P I N G X I

案例 15 大坝村"党建 + 产业化联合体"

大坝村位于贵州省安顺市西秀区双堡镇，距安顺市区 26 公里，辖 6 个自然村民小组，共有农户 366 户，总人口 1603 人。全村有汉、苗、彝、布依等多个民族，少数民族人口占 40%。全村总面积 10273 亩，耕地面积 5100 亩。大坝村虽地势平坦，但土地贫瘠、缺水严重，以种植玉米等传统低效农作物为主，村民收入来源单一，思想观念落后，发展内生动力不足，居住环境差，住房主要以土坯房为主。2008 年全村人均收入仅为 1928 元，贫困发生率高达 44.2%。

2008 年以来，大坝村在村党支部的带领下，牢牢抓住产业发展这个"牛鼻子"，努力改变大坝村贫穷落后的面貌。特别是党的十八大以来，大坝村抓住发展金刺梨产业的契机，大力发展特色种养、农产品加工、乡村旅游等多元化产业，将大坝村打造成为远近闻名的"别墅村""金刺梨村",基本形成了种植养殖、观光、休闲、度假为一体的一二三产业融合发展产业链,曾经的烂房烂瓦烂坝坝,变成了今天的家家别墅户户庭院,实现了从省级二类贫困村到省级小康示范村的华丽转变,形成了党建引领脱贫攻坚的"大坝答卷"。

(一)党建引领聚人心,实现新村新跨越

大坝村坚持以党支部建设为抓手,通过抓好党建工作,聚人心、带队伍、谋发展,充分发挥支部示范带动作用,实现基层党建和农村经济发展互动双赢。

一是支书领头。1996 年,陈大兴当选大坝村党支部书记,立志带领群众脱贫致富,没有经验可学,没有现成之路可走,他敢试敢闯,先后带领村民种植烤烟、中草药、竹荪、养牛,虽未成功却帮助村民积累了丰富的种植养殖经验和市场意识。2008 年,陈大兴率先试种植的 30 亩金刺梨取得成功后,村民们迅速跟进,获得了丰收,拉开了大坝村产业规模化发展的序幕。陈大兴还多次以个人名义为村民和村集体贷款发展金刺梨,贷款总额达 2000 万余元。在陈大兴的示范带动下,大坝村金刺梨产业从无到有,现已发展到 5000 亩,成为安顺市最大的金刺梨育苗和种植基地。陈大兴先后被评为"全国农业劳动模范",贵州省"优秀共产党员""优秀党务工作者"和"脱贫攻坚先进个人"。

二是支部带头。村党支部大力加强自身建设,通过党员带头深入开展党员议事决策、入户走访、交纳党费、重温入党誓词等丰富多彩的主题活动,增强支部核心凝聚力。在此基础上,按照支部带合作社、合作社带产业、产业带村民的发展模式,以村党支部为核心,建立企业、合作社、村民共同参与的"一核多元、村社联动"组织体系。2012 年,大坝村"延年果"合作社成立,搭建起产业发展平台,为后续产业发展奠定了坚实的基础。2016 年,大坝村党支部被中共中央评为"全国先进基层党组织"。

三是干字当头。大坝村坚持实干兴村,依托"延年果"合作社,

大力推动"三权"促"三变",全面进行土地确权登记,发动群众以土地入股合作社,将流转土地集中装入"延年果"合作社,由合作社统一管理和发展产业,实现了土地规模化、集约化经营。大坝村366户农户全部进行了土地入股,做到了产业全覆盖。

(二)因地制宜谋发展,找准产业拔穷根

大坝村把发展产业作为脱贫攻坚、乡村振兴的根本之策。按照种养结合、工农结合、农旅结合"三个结合"思路,大力发展多元业态的现代农业,实现农业"接二连三"。

一是种养结合。大坝村依托"延年果"合作社,采取"党支部+合作社+基地+农户(贫困户)"的模式,整合全村土地资源,大力推广经济作物种植,发展金刺梨种植5000亩,晚熟脆红李1200亩、雷竹300亩;依托经济林地,在林下发展牧草种植300亩、林下养鸡10000羽;充分利用山塘资源,发展荷花、莲藕种植等水面经济300亩;充分利用荒坡荒地,发展养殖业,发展300头肥牛养殖项目,引进蚂蚱养殖项目,建成600个蚂蚱养殖大棚,形成覆盖山上、地中、水下,农牧禽结合的立体循环种养业体系。大坝村金刺梨种植基地已获得有机转换认证证书,金刺梨已获得农产品地理标志证书、无公害农产品产地认定证书、无公害农产品证书等。蚂蚱深加工产品"蝗尚小吃"成功注册商标。

二是工农结合。坚持"用工业的思维谋划农业",针对金刺梨规模化种植后出现的滞销问题,村支"两委"在深入开展市场调研后,组建了贵州大兴延年果酒有限责任公司,建成年产5000吨果酒的"贵州大兴延年果酒厂",主打产品有12度金刺梨干红果酒和42度的金刺梨白兰地。酒厂已初步建成投产,提供稳定工作岗位150个,预计全面投产后年产值可达3亿元。同时,大坝酒厂积极开拓果啤、果汁等业务,2018年年底新增生产的新型金刺梨啤酒、金刺梨果汁一经上市就深受广大消费者喜爱,产品供不应求。

三是农旅结合。依托毗邻九龙山国家森林公园的区位优势,充分

发挥村内果园、田园的自然生态优势，积极发展乡村旅游产业。利用千亩金刺梨果园，在金刺梨花开时节举办金刺梨赏花活动；利用丰富的果树资源，在李子、桑葚等果实成熟时举办果园采摘活动；利用闲置的房舍，发展乡村民宿，开设"农家乐"和农家旅馆；引进青岛榕昕集团，投资1.5亿元，建成占地面积2000亩，集奶牛养殖、奶制品加工、亲子娱乐等为一体的生态牧场，养殖奶牛300头，日产鲜奶1000公斤。大坝村每年游客接待量已突破10000人次以上，形成了集观光、休闲、度假于一体的生态休闲旅游产业链。

（三）利益联结建模式，全民入股共致富

按照"党支部+合作社+基地+农户"模式，把村支"两委"、合作社、企业和村民联结成为紧密的利益共同体，并明确各方在利益链上的份额，充分调动发展的积极性主动性。

一是推行土地量化入股。开展土地确权登记，将农户土地量化入股，集约经营。按500元/亩的标准将土地入股或流转，由合作社统一管理，发展金刺梨种植。动员群众自愿入股合作社参与分红。全村95%的土地均流转或入股到合作社，村民入股率达100%。

二是建立普惠分红机制。合作社对入社贫困户和非贫困户分红进行区别对待，对贫困户实行"136"分红机制，即10%作为村集体发展基金，30%作为管理费用和劳务开支，60%按照入股占比分配给贫困户；对非贫困户实行"235"分红机制，即20%作为村集体发展基金，30%作为管理费用和劳务开支，50%按照入股占比分配给非贫困户。据统计，2014—2018年，累计分红1400多万元，其中56户贫困户户均年分红达7000元。

三是开辟"4个1"增收路径。入一份股，村民将土地按500元/亩流转到合作社，以土地入股面积占比分配管理任务，优先吸纳贫困户管理金刺梨，每株每月发放管理费1元；打一份工，优先安排贫困户在合作社和酒厂上班，月工资2400～2800元；创一份业，鼓励村民自主创业，开办农家乐、农家旅馆等，年创收200多万元；建一亩

园，村民通过种植金刺梨、脆红李等精品水果，以及甜高粱、黑麦草、墨西哥玉米等牧草，每亩收入 3000 元以上，比种植传统农作物增收 2000 元以上，实现了家家有产业，户户能增收。四是主动作为结对帮扶。大坝村初步实现脱贫致富后，主动作为，积极参与全市决战决胜脱贫攻坚，按照"先富带后富"的原则，将大坝村金刺梨、蚂蚱产业引入安顺市紫云自治县深度贫困村，带动贫困地区拓宽扶贫路，推动贫困户实现短期内增收致富。

三 案例评析

"大坝模式"是党建引领脱贫攻坚的成功实践，具有重要的推广价值。总结"大坝模式"，对于决战决胜脱贫攻坚、探索乡村振兴之路具有重要的现实意义。

其一，选好村支书是关键。村党支部就是带领全村发展的火车头，村党支部书记就是这个火车头的核心、支部的领头羊。选好村党支部书记，对于农村产业发展至关重要。大坝村支书陈大兴干事创业有思路，村务管理有规矩，带领队伍有办法，服务群众有感情，廉洁公道有口碑。将原先的"危房冷风穿，破墙烂瓦一烂摊"的贫穷村，变成远近闻名的别墅村。实践证明，必须要选好选准一个好的村支书，才能抓出一个好班子，带出一支好队伍，建设一个好村子。

其二，找准产业是方向。产业是脱贫的长远发展之基，是脱贫致富的主要依托，有了产业支撑，才能从源头上解决贫困问题，拔掉"穷根"。大坝村在村支书陈大兴的带领下，通过自己率先尝试，最终找到了一条以金刺梨种植和加工为主导产业，一二三产业融合发展的特色致富之路。实践证明，产业兴则发展顺。只有不断挖掘资源优势，发展特色产业，增强发展的内生动力，脱贫致富才能可持续，老百姓才能稳定脱贫，快速致富。

其三，团结群众是基础。密切联系群众是党在长期革命斗争实践中形成的优良传统之一，也是党克敌制胜的法宝。要打赢脱贫攻坚，同样少不了群众的支持和广泛参与。陈大兴用自己的实际行动，让群众看到了脱贫致富的希望，找到了脱贫致富的门路，群众自觉地在陈大兴的带领下一起苦干实干，通过种植金刺梨等脱贫致富，大坝村才由原来贫穷落后的"烂坝坝"，变成如今到处都是金灿灿的"金刺梨"果子，原来的烂瓦房变成了一栋栋宽敞明亮舒适的别墅楼。

A N L I P I N G X I